ISRAEL ROCHA

VIVENDO PROCESSOS

VIVENDO O AGIR INVISÍVEL DE FORMA VISÍVEL

Copyright © 2025, Israel Rocha

EDIÇÃO Vinicius Oliveira
ASSISTENTE EDITORIAL André Esteves
ARTE Vinicius Oliveira e Silvia Andrade
REVISÃO E PREPARAÇÃO André Esteves
AQUISIÇÃO Joice Feitoza

Catalogação na publicação
Elaborada por Bibliotecária Janaina Ramos – CRB-8/9166

R672v
    Rocha, Israel A.
    Vivendo processos / Israel A. Rocha. –
    Santo André-SP: Samaria, 2025.
    272 p.; 16 × 23 cm
    ISBN 978-65-5245-032-6
    1. Teologia devocional. I. Rocha, Israel A. II. Título.
                                                            CDD 241

Índice para catálogo sistemático
I. Teologia devocional

[2025] Todos os direitos desta edição reservados à:
Editora Samaria
Rua da Fonte, 275 - 09040-270 - Santo André, SP.

editorasamaria.com.br
lojadasamaria.com.br
facebook.com/editorasamaria
instagram.com/editorasamaria

ISRAEL ROCHA

VIVENDO PROCESSOS

VIVENDO O AGIR INVISÍVEL DE FORMA VISÍVEL

SAMARIA
EDITORA

MINHA JORNADA NO PROCESSO

CHECKLIST DE CAPÍTULOS

Marque aqui sua evolução na leitura. Volte sempre que precisar relembrar ou reviver algum processo.

- [ ] A CEGUEIRA DESTA GERAÇÃO
- [ ] OS PROCESSOS DE DEUS
- [ ] PROCESSO DE FUNDAMENTO
- [ ] PROCESSO DE CONHECIMENTO
- [ ] PROCESSO DAS BATALHAS
- [ ] PROCESSO DA OBEDIÊNCIA
- [ ] PROCESSO DO TEMPO
- [ ] PROCESSO DE LEGADO
- [ ] PROCESSO DO DESERTO
- [ ] PROCESSO DO DISCIPULADO
- [ ] PROCESSO DA FÉ
- [ ] PROCESSO DO SACERDÓCIO
- [ ] PROCESSO DA PERFEIÇÃO (Parte 1)
- [ ] PROCESSO DA PERFEIÇÃO (Parte 2)
- [ ] PROCESSO DA VIDA ESPIRITUAL
- [ ] PROCESSO DO FOCO
- [ ] PROCESSO DA PALAVRA
- [ ] PROCESSO DA GRAÇA
- [ ] PROCESSO DE ESPERA
- [ ] PROCESSO DOS SONHOS
- [ ] PROCESSO DO PECADO
- [ ] PROCESSO DO ARREPENDIMENTO
- [ ] PROCESSO DE MATURIDADE
- [ ] PROCESSO DE FIDELIDADE

COMPARTILHE SUA JORNADA

Sua história pode inspirar outras pessoas!
Quando você vivenciar ou superar um processo, compartilhe esse momento nas suas redes sociais e use:

#LivroVivendoProcessos

Marque também:

@editorasamaria
@ir.israelrocha

ESPELHO DE INTENÇÕES

Minhas expectativas e orações com este livro são:

MEU COMPROMISSO PESSOAL

INÍCIO DA JORNADA ___/___/___   **TÉRMINO** ___/___/___

Meu compromisso ao finalizar esta leitura:

SUMÁRIO

PREFÁCIO	13
INTRODUÇÃO	17
A CEGUEIRA DESTA GERAÇÃO	23
OS PROCESSOS DE DEUS	35
PROCESSO DE FUNDAMENTO	43
PROCESSO DE CONHECIMENTO	51
PROCESSO DAS BATALHAS	59
PROCESSO DA OBEDIÊNCIA	65
PROCESSO DO TEMPO	77
PROCESSO DE LEGADO	89
PROCESSO DO DESERTO	99
PROCESSO DO DISCIPULADO	111
PROCESSO DA FÉ	121
PROCESSO DO SACERDÓCIO	131
PROCESSO DA PERFEIÇÃO (PARTE 1)	141
PROCESSO DA PERFEIÇÃO (PARTE 2)	155
PROCESSO DA VIDA ESPIRITUAL	165
PROCESSO DO FOCO	179
PROCESSO DA PALAVRA	193
PROCESSO DA GRAÇA	201
PROCESSO DE ESPERA	209
PROCESSO DOS SONHOS	217
PROCESSO DO PECADO	225
PROCESSO DO ARREPENDIMENTO	237
PROCESSO DE MATURIDADE	245
PROCESSO DE FIDELIDADE	255
CONCLUSÃO	267
EPÍLOGO	269

Dedicamos este manual prático a você, querido(a) leitor(a), que busca conhecer e viver a vida por meio dos processos que ela apresenta, ainda que, por vezes, não os reconheça plenamente ou não os perceba em todas as situações. Os processos também são expressões do agir de Deus, sejam visíveis ou invisíveis, nos ciclos da existência humana.

Nem tudo em nossa vida necessita de um milagre, mas tudo nela passa por processos. E é nesses processos que somos formados, moldados e conduzidos.

A sua parte — e a nossa também — é dar o primeiro passo, pois este é o movimento mais importante de toda a jornada. E, enquanto caminhamos, somos transformados e renovados ao longo da senda da vida.

"Quem não sabe o que busca, não identifica o que acha."

(Immanuel Kant, filósofo alemão)

"As pessoas não veem o que não estão procurando. O óbvio invisível."

(Autor Desconhecido)

PREFÁCIO

Em primeiro lugar, quero declarar que sinto-me extremamente honrado por apresentar o mais novo livro do Rev. Israel A. Rocha. Amigo, pastor e companheiro no ministério pastoral, sinto-me privilegiado por participar deste momento tão especial na vida ministerial deste pastor e escritor.

Em segundo lugar, sobre a obra *Vivendo Processos*, o autor dedica este livro a todos aqueles que, de alguma forma, estão refletindo sobre a importância dos processos. Israel afirma: *"os processos são o agir de Deus, visíveis ou invisíveis, nos ciclos da humanidade"*.

A partir dessa construção, o autor nos convida a refletir sobre os processos que envolvem cada ciclo de nossas vidas e como Deus age em cada um deles. Ao considerar os processos divinos, o leitor se envolve com o conteúdo de maneira a avaliar cada etapa vivida. E, não por acaso, o autor conclui sua obra destacando três pilares fundamentais na vida cristã: arrependimento, maturidade e fidelidade.

Dessa forma, convido você à leitura atenta deste livro. E, se me permite uma sugestão: faça anotações, reflita sobre seus próprios processos de vida, as decisões que já tomou — e, certamente, as muitas que ainda tomará. Cada decisão nossa, cada sonho e projeto está inserido em um processo no qual precisamos nos descobrir.

Assim como Adão e Eva, que após o pecado iniciaram um caminho de retorno à presença de Deus, em Jesus, encontramos a recuperação da dignidade perdida no Paraíso — num processo em que o Pai envia Seu próprio Filho para nossa salvação.

Em que momento da vida você está? O que precisa ser transformado? *Vivendo Processos* será uma leitura impactante, que lhe proporcionará discernimento e escolhas. E a principal escolha é: viver, com fé e entrega, os processos que Deus tem para sua vida.

Parabenizo o Pr. Israel pela excelência do texto e pelo zelo com que escreveu cada capítulo. Que Deus abençoe ricamente sua vida em cada processo que Ele mesmo estiver conduzindo.

Desejo a você uma boa leitura! Que esta obra seja instrumento de edificação na sua disposição de viver cada processo diante do altar do Senhor.

Com meu carinho e estima pastoral,

Marcos Antonio Garcia
Bispo da Igreja Metodista, 3ª Região Eclesiástica

INTRODUÇÃO

De forma quase unânime, os dicionários definem a palavra processo como a realização contínua ou prolongada de uma atividade; ou como um método, procedimento e sequência de passos realizados para alcançar determinado propósito.

Nos últimos anos, muita coisa boa foi escrita sobre como descobrir, viver e realizar o propósito de vida. No entanto, pouco se tem falado ou escrito sobre os processos da vida. Frequentemente nos deparamos, principalmente nas redes sociais, com frases de efeito como: *"Só vive o propósito quem suporta o processo"*; *"Quem rejeita o processo, rejeita o propósito"*; *"O processo pode te ferir, mas o propósito vai te curar"*; ou ainda *"Quem não respeita o processo, destrói o propósito"*. Essas frases, constantemente compartilhadas, têm algo em comum: revelam que o propósito não está desconectado do processo, e que o processo também não está desvinculado do propósito. Ambos são reais e necessários para nossa vida.

Vivemos rodeados por conteúdos, livros e cursos sobre propósito, mas quase nada sobre processos. No entanto, a dor do processo de hoje nunca será maior do que a dor da frustração no amanhã. Por isso, nunca desista dos processos, por mais difíceis que pareçam.

Os processos são tão importantes quanto as conquistas. Seja paciente e persistente. Nada foge à vontade de

Deus. Jesus desceu ao lugar mais profundo da nossa dor para nos levar ao lugar mais alto do Seu amor, por meio de um processo.

Nem sempre os processos são claros, totalmente visíveis ou perceptíveis. Por isso, muitas vezes não os entendemos nem conseguimos identificá-los, quase não notamos os ciclos e estágios pelos quais passamos ao longo da vida. Se não formos capazes de reconhecer os processos que enfrentamos, dificilmente conseguiremos discernir o propósito de nossa existência. E, mesmo quando conseguimos perceber tais processos, frequentemente nos perguntamos por que estamos passando por eles.

Outro ponto que costuma gerar confusão é a ideia de que o agir de Deus, visível ou invisível, se manifesta apenas por meio de milagres. Contudo, Deus é um grande maestro, que rege com sabedoria os processos e ciclos da vida. Esta também é uma poderosa forma pela qual o Criador do universo interage e age em tudo o que criou e formou (cf. Daniel 2.20-21; Hebreus 11.3).

Deus não transforma e impacta vidas apenas por meio de milagres, mas também através dos processos que Ele nos permite vivenciar. Ao longo deste breve manual prático, procurei demonstrar, página a página, o agir de Deus, tanto invisível quanto visível, nos processos que fazem parte da nossa jornada.

Muitos desejam viver milagres e buscam intensamente por eles; porém, poucos percebem os processos. Muitos querem descobrir seu propósito de vida, mas rejeitam a necessidade de passar pelos caminhos que os conduzem até ele.

Meu objetivo com esta leitura é que você possa identificar, aceitar e atravessar os processos com serenidade e fé, crendo que cada um deles tem começo, meio e fim. E que, ao passar por cada etapa que Deus permitir — e você permitir que Ele o transforme —, sua vida será completamente impactada.

No ano de 2022, trabalhamos em nossa igreja local com a temática *"Vivendo os Processos"*. O livro que agora chega às suas mãos é o resultado de muita pesquisa, oração e de palavras que foram direcionadas e inspiradas por Deus para este tempo.

Os processos são tão essenciais em nossas vidas que até mesmo o próprio Jesus precisou passar por eles. E, se Deus não poupou Seu Filho, por que nos pouparia de viver os nossos? Ele sabe que os processos, assim como os milagres, são profundamente pedagógicos e transformadores para cada um de nós.

Cada capítulo deste livro pode ser lido de forma sequencial ou aleatória. Não houve uma ordem rígida em sua organização, mas cada texto foi cuidadosamente pensado para te ajudar a colocar sua vida em ordem. Assim como essa temática foi enriquecedora e edificante para nossa igreja local, desejamos que seja para você também. Desfrute desta leitura e retenha com fé aquilo que Deus ministrar ao seu coração.

Minha esperança é que, a cada capítulo deste livro, você desperte intencionalmente para novas realidades e possibilidades. Comumente, as pessoas desejam ler sobre seu futuro e compreender o passado, mas enfrentam dificuldades em enxergar, enfrentar e viver as possibilidades do presente.

Saber interpretar os processos e ciclos da vida é algo vital. Aprender a realidade que estamos atravessando é, como disse um grande poeta e dramaturgo, um caminho para desatar os nós da existência: *"Ler é a arte de desatar nós cegos"* (atribuído a Goethe, 1749–1832).

Enfim, o processo é também o procedimento que Deus utiliza para nos ler, e o método que podemos usar para discernir Seu agir em nós e através de nós.

A CEGUEIRA DESTA GERAÇÃO

> *Mas, se o nosso evangelho ainda está encoberto, é para os que se perdem que está encoberto, nos quais o deus deste século cegou o entendimento dos incrédulos, para que lhes não resplandeça a luz do evangelho da glória de Cristo, o qual é a imagem de Deus.*
> *(2 Coríntios 4.3-4 - ARA)*

Há quem cite o ditado: *"Em terra de cego, quem tem um olho é rei"*; e há quem diga: *"Em terra de cego, quem tem um olho é apenas um caolho"*. Mas existe um provérbio, possivelmente de origem árabe, que diz: *"Os olhos não servem de nada para um cérebro cego, ou mente cega"*.

Em nossa sociedade atual, a cegueira, além de uma debilidade física, também é muitas vezes vista e interpretada como sinal de fraqueza. Já nas Sagradas Escrituras, em diversas ocasiões, a cegueira aparece como uma representação de problemas espirituais. Não quero com isso afirmar que toda pessoa cega o é por causa de pecado ou por um problema espiritual, mas sim que todo problema espiritual gera algum tipo de cegueira.

A Bíblia nos mostra isso de maneira recorrente:

- *O patriarcado é marcado pela cegueira: Isaque, em sua velhice, perdeu a visão e foi enganado na bênção da primogenitura (Gênesis 27.1).*

- *Depois disso, veio o período dos juízes, que governavam o povo de Deus. O último juiz, Sansão, morreu cego, encerrando esse ciclo também com cegueira (Juízes 16.21).*

- *O período dos reis em Judá finaliza com a cegueira de Zedequias, cujos olhos foram perfurados por Nabucodonosor devido à sua rebeldia (Jeremias 39.7).*

- *E, por fim, entre as sete igrejas do Apocalipse, a última, a igreja de Laodicéia, é repreendida por sua cegueira espiritual (Apocalipse 3.17).*

O próprio Jesus veio combater ambas as cegueiras: a espiritual e a física. Curou dois cegos na Galileia e dois em *Jericó* (Mateus 20.28-34); um deles se chamava Bartimeu (Marcos 10.46-52), o outro não teve seu nome revelado. O que mais chama a atenção, nesse caso, foi o método utilizado por Jesus: ele fez lama com saliva e a aplicou nos olhos do cego (João 9.6).

A cegueira espiritual é se esquecer, se confundir, perder a perspectiva, o prisma do que Deus quer fazer ou já fez. Jesus confrontava os religiosos da época, chamando-os de *"cegos que guiam outros cegos"*, alertando que ambos acabariam por cair no buraco (cf. Mateus 15.14).

A CEGUEIRA DO ENTENDIMENTO

Mas, nesta segunda carta do apóstolo Paulo à Igreja em Corinto, ele não fala sobre uma cegueira física, tampouco sobre a cegueira espiritual. Ele apresenta um terceiro tipo de cegueira: a cegueira do entendimento. Trata-se de uma cegueira que tem gerado incredulidade e levado pessoas à perdição, pois tem encoberto a verdade do Evangelho. E essa cegueira é provocada na mente das pessoas pelo *"deus deste século"*.

Mas, afinal, o que seria esse *"deus"*? Esse "deus deste século" pode ser qualquer ídolo que substitua a imagem do verdadeiro Deus, que ocupe o lugar da glória de Cristo. A Bíblia nos alerta sobre o que pode representar esses falsos deuses:

- *O deus da riqueza e do dinheiro (Mateus 6.24), também conhecido como Mamom: servir a esse deus é viver para "servir ao dinheiro";*

- *O deus do próprio ventre (Filipenses 3.19; Romanos 16.18): servir a esse deus é viver para "servir a si mesmo", satisfazendo os próprios desejos e vontades (cf. 2 Coríntios 5.15); e*

- *O deus-coração (Jeremias 17.9): servir ao nosso próprio coração é viver segundo o engano, pois o coração humano é enganoso. Um cristão não deve ser guiado por sentimentos e emoções, mas sim pelo Espírito Santo. Não vivemos por intuição ou dedução, andamos por fé.*

Podemos fazer de muitas coisas um *"deus"* em nossa vida. Coisas essas que o próprio diabo, que não dorme, não tira férias e não descansa, pode usar para tentar obscurecer a obra do Evangelho em nós. Ele não age diretamente em nossas emoções, mas sim na mente; não cega os olhos físicos, mas sim o entendimento, para que não compreendamos a realidade do Evangelho.

Essas coisas tornam o Evangelho ininteligível para muitos. E foi exatamente isso que aconteceu com alguns em Corinto: o verdadeiro Evangelho estava encoberto. No entanto, a culpa disso não estava em Cristo, nem nos apóstolos, mas sim naqueles que rejeitavam a mensagem do Evangelho.

Podemos estar na igreja, ser religiosos e, ainda assim, ter o nosso entendimento cego no que diz respeito ao Evangelho. No Antigo Testamento, temos o Evangelho sendo anunciado; nas quatro biografias de Jesus (os Evangelhos), ele é consumado; em Atos dos Apóstolos, vemos o Evangelho sendo manifestado; em Romanos, ele é descrito como o poder de Deus — e, ainda assim, tudo isso pode não fazer nenhuma diferença em nossa vida.

Isso porque, nesta geração, há um mau uso do Evangelho, que tem gerado um desuso, por causa de muitos abusos cometidos em nome do Evangelho. Não podemos permitir que o nosso entendimento seja cegado nesta geração. Para isso, precisamos de entendimento do alto, e compreender o que Deus está fazendo neste tempo.

MUITOS TÊM OLHOS E NÃO QUEREM VER

Um outro ditado diz: *"O pior cego é aquele que não quer ver"*. Podemos ver com os olhos, mas também podemos ver com o espírito, precisamos ativar um olhar espiritual para enxergar espiritualmente. Não estou falando de um olhar religioso, mas de ver junto com Deus.

NÃO PODEMOS VER SÓ O QUE PARECE SER AGRADÁVEL, DEVEMOS VER AQUILO QUE PRECISAMOS ENXERGAR, E AS COISAS QUE DEUS QUER NOS REVELAR.

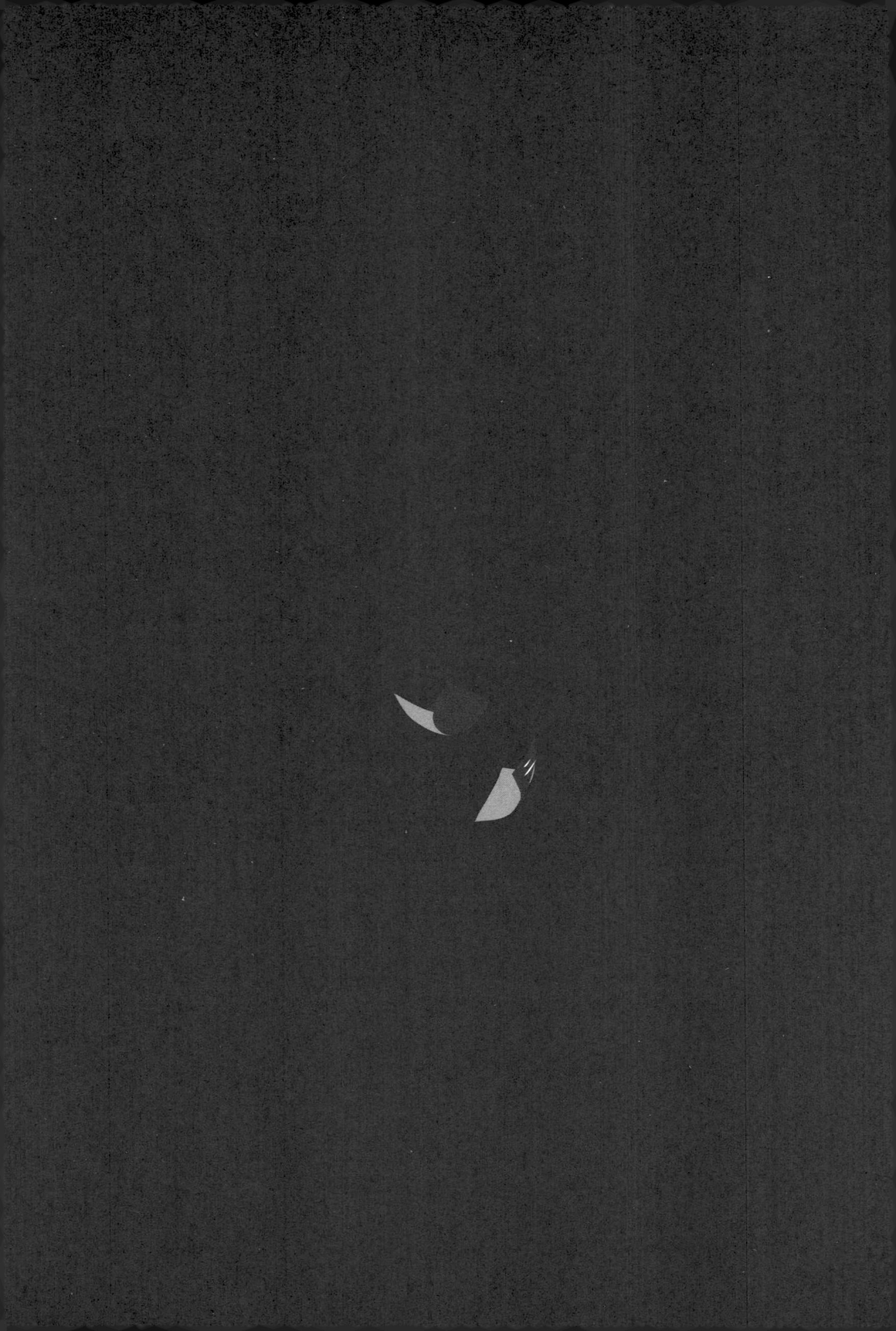

O apóstolo Paulo era profundo conhecedor das Escrituras e da religiosidade judaica, mas foi apenas depois de sua cegueira ao ver Jesus que pôde receber o Espírito Santo — e, então, voltou a ver (Atos 9.17-18).

MUITOS VEEM UMA COISA E ENXERGAM OUTRA

Eva, ao comer do fruto do conhecimento do bem e do mal, viu nele o que não deveria ver: *"bom para se comer e agradável aos olhos"* (Gênesis 3.6). Ela não contemplou o fruto da árvore da vida, tampouco percebeu que ela e Adão já eram semelhantes a Deus.

Não devemos ver apenas o que parece agradável; precisamos enxergar aquilo que Deus quer nos revelar. Como está escrito:

> *Porque tudo o que há no mundo — a concupiscência da carne, a concupiscência dos olhos e a soberba da vida — não procede do Pai, mas do mundo. Ora, o mundo passa, bem como a sua concupiscência; aquele, porém, que faz a vontade de Deus, permanece eternamente. (1 João 2.16-17)*

MUITOS ENXERGAM A CEGUEIRA DO OUTRO, MAS NÃO SUA PRÓPRIA

Os cegos desse tipo são capazes de enxergar um pequeno cisco no olho do próximo, mas não percebem a trave que atravessa os próprios olhos. São rápidos em investigar e apontar a cegueira alheia, mas incapazes de enxergar os próprios defeitos (cf. Lucas 6.42).

MUITOS NÃO ENXERGAM E NÃO PERMITEM QUE OUTROS VEJAM

Os acompanhantes do cego Bartimeu, em Jericó, o repreendiam, pedindo que se calasse e parasse de gritar: *"Filho de Davi, tem compaixão de mim"*, tentando impedi-lo de receber o milagre da restauração da visão (Marcos 10.46-51). Vivemos em um mundo onde muitos não compreendem o evangelho e também não querem que você o compreenda; não creem no evangelho e não querem que você creia; não veem a luz e não querem que você a veja. Como está escrito em João 3.19: "A luz veio ao mundo, mas os homens amaram mais as trevas do que a luz, porque as suas obras eram más".

Lembrando o antigo provérbio árabe, "De nada servem os olhos a um entendimento cego", precisamos sempre nos lembrar de que, nesta geração:

- *Muitos têm olhos, mas não querem ver.*
- *Muitos veem uma coisa e enxergam outra.*
- *Muitos enxergam a cegueira do outro, mas não a sua própria.*
- *Muitos não permitem que outros vejam.*

Que Deus nos ajude a ser uma geração de olhos iluminados, capazes de discernir e compreender o que Ele tem para cada um de nós. Como Paulo escreve em Efésios 1.18: *"Tendo os olhos do vosso entendimento iluminados, para que saibais qual é a esperança da sua vocação e quais as riquezas da glória da sua herança nos santos".*

ANOTAÇÕES DO MEU PROCESSO

REFLEXÃO PESSOAL

1. Quais áreas da minha vida precisam ser clareadas por Cristo?

2. De que forma tenho combatido a cegueira espiritual ao meu redor?

3. Como posso ajudar outros a enxergarem o verdadeiro Evangelho?

> **SÓ A LUZ DE CRISTO PODE ABRIR OS OLHOS ESPIRITUAIS.**

OS PROCESSOS DE DEUS

Pouco a pouco, os lançarei de diante de ti, até que te multipliques e possuas a terra por herança. (Êxodo 23.30 - ARA)

Engana-se quem pensa que Deus tem pressa! Deus não se atrasa, nem perde o horário. Aquilo que alguns chamam de atraso, Deus chama de processo. Na verdade, Deus não tem pressa, Ele tem urgência. E a urgência de Deus pode durar um instante ou atravessar gerações — pode ser para hoje ou para o futuro. Quem tem pressa somos nós, com nosso imediatismo e desejo de ver tudo resolvido para ontem.

Costumamos afirmar em nossa igreja local, e reforço aqui: Deus pode agir de forma rápida, instantânea e milagrosa, mas também pode agir de modo paulatino, gradual, sucessivo e progressivo, ou seja, pouco a pouco. É esse agir processual que chamamos, neste livro, de "viver os processos" que Deus tem para cada um de nós.

Neste trecho de Êxodo 23, lemos diversas instruções dadas ao povo, incluindo deveres dos juízes (vv. 6–9), o ano sabático (vv. 10–11), o sábado semanal (v. 12), advertências contra outros deuses (v. 13), e a instituição das três principais festas: a Festa das Primícias, a Festa da Sega (ou das Semanas), e a Festa da Colheita (ou dos Tabernáculos) — vv. 14-19. Em seguida, Deus anuncia a promessa da posse da terra.

O versículo 30 é especialmente revelador ao mostrar que o agir divino em relação à conquista da herança não seria repentino, mas sim progressivo — "pouco a pouco". Isso contraria o desejo humano pelo imediato e revela o caráter pedagógico e intencional dos processos de Deus. Ele prepara o povo não apenas para conquistar, mas para permanecer. A maior preocupação expressa nos versículos seguintes (vv. 31-33) é que os israelitas não fossem corrompidos por influências externas e deixassem de servir ao Deus verdadeiro.

Diversas passagens bíblicas repetem esse princípio do agir gradual de Deus. Seus ciclos e processos não ocorrem por acaso, mas seguem um ritmo intencional e necessário. É através do "pouco a pouco" que Ele transforma, ensina, prepara e estabelece o Seu povo.

A primeira repetição bíblica que quero destacar é: de glória em glória (2 Coríntios 3.18): *"Mas todos nós, com o rosto desvendado, contemplando, como por espelho, a glória do Senhor, somos transformados, de glória em glória, na sua própria imagem, como pelo Senhor, o Espírito".*

As Sagradas Escrituras também afirmam: *"Anunciai entre as nações a sua glória, porque grande é o Senhor..."* (1 Crônicas 16.24). A glória de Deus é Cristo, e a nossa maior glória é sermos parecidos com Ele. Cristo em nós é a esperança da glória (Colossenses 1.27); e se for para nos gloriarmos, que seja unicamente na cruz de Cristo (Gálatas 6.14). O processo de Deus é progressivo: de glória em glória.

A segunda repetição bíblica importante é: de fé em fé (Romanos 1.17): *"Visto que a justiça de Deus se revela no evangelho, de fé em fé, como está escrito: O justo viverá por fé".* Para sermos transformados de fé em fé, precisamos da revelação da justiça de Deus por meio do evangelho. O bom combate do cristão é o combate da fé (1 Timóteo 6.12), e é justamente essa fé que vence o mundo (1 João 5.4). Nossa fé é tudo o que temos para derrotar o que vem contra nós. Toda a estratégia do maligno e deste século visa minar a fé dos filhos e filhas de Deus. Porém, nossa fé não é uma fé cega; ela está fundamentada e firmada em Jesus, o autor e consumador da fé (Hebreus 12.2). Por isso, seguimos de fé em fé!

Em terceiro lugar, temos a repetição: de força em força (Salmos 84.6-7): *"O qual, passando pelo vale árido, faz dele um manancial; de bênçãos o cobre a primeira chuva. Vão indo de força em força; cada um deles aparece diante de Deus em Sião".* Aprendemos com a vida que, se ela não ficar mais fácil, devemos nos tornar mais fortes. A maior bênção que alguém pode receber é a força que vem de Deus! Muitos desejam ser fortes e corajosos como Josué, mas esquecem que a força de Josué vinha diretamente do Senhor: "Eu serei contigo".

Em outras palavras, Deus nunca nos pediu para sermos fortes por nós mesmos, mas sempre quis ser a nossa força. Por isso, a Palavra declara: *"Diga o fraco: eu sou forte"* (Joel 3.10). Viver de força em força é compreender que, em nossa fraqueza, o poder de Deus se aperfeiçoa (2 Coríntios 12.9). Isso não significa que Ele aperfeiçoa a nossa fraqueza, mas que coloca a Sua força onde somos frágeis, para que sejamos fortalecidos. Ao nos submetermos totalmente a Ele, Ele se alegrará em nós, e a Sua alegria será a nossa força (Neemias 8.10).

Creio que foi por isso que C. H. Spurgeon disse: *"Se formos fracos em nossa comunhão com Deus, seremos fracos em tudo".* Concordo plenamente, pois a nossa força vem do Senhor. De força em força!

Por último, mas não menos importante, a quarta repetição é: graça sobre graça (João 1.16): *"Porque todos nós temos recebido da sua plenitude, e graça sobre graça".* Os benefícios da graça só podem ser plenamente desfrutados pela fé. A parte graciosa de Deus é dar. Ele nos deu o Seu Filho e, com Ele, todas as coisas. No entanto, a graça se torna ineficaz se não houver fé para nos apropriarmos dela. Em outras palavras, a fé é a nossa resposta positiva à graça de Deus.

Jesus veio cheio de graça e de verdade (João 1.17). Somos salvos pela graça, mediante a fé (Efésios 2.8-9). A salvação não ocorre apenas pela graça, se fosse assim, todos seriam salvos, pois a graça de Deus foi manifesta a todos (Tito 2.11). A salvação, portanto, também requer fé para que as bênçãos divinas sejam recebidas e vividas.

A Bíblia é clara:

- *O que não sabemos, a graça nos ensina;*
- *O que não temos, a graça nos dá;*
- *O que ainda não somos, a graça nos torna.*
- *Graça sobre graça!*

Essas expressões repetidas nas Escrituras, de glória em glória, de fé em fé, de força em força, graça sobre graça, são muito mais do que simples repetições. Elas revelam não apenas o padrão dos processos de Deus, mas também o Seu desejo de nos forjar num movimento contínuo, sem retrocessos, sem estagnações, em um caminhar constante de fé, confiança e crescimento nos Seus propósitos.

Cada vez que você ouve a Palavra e ela queima no seu coração, você está se apropriando de mais um pouco. A cada dia que você declara com fé: "Eu sou justiça de Deus em Cristo Jesus", você se aproxima mais da herança que já é sua. É pouco a pouco, até que, em determinados momentos da sua vida, você experimente a plenitude de Deus. Mas a forma como Ele age, muitas vezes, é mesmo assim: pouco a pouco, e não de uma só vez.

Se você ainda não viu tudo o que gostaria de ver, lembre-se: é pouco a pouco! E a cada dia, Ele vai te acrescentando mais um pouco.

— *"Pastor, mas eu ainda estou doente!"*

Alguns são curados de forma instantânea; outros são curados pouco a pouco, dia após dia — um tanto hoje, um tanto amanhã, de glória em glória, de fé em fé, de força em força, experimentando graça sobre graça.

ANOTAÇÕES DO MEU PROCESSO

> **DEUS NOS TRANSFORMA POUCO A POUCO, ATRAVÉS DOS SEUS PROCESSOS.**

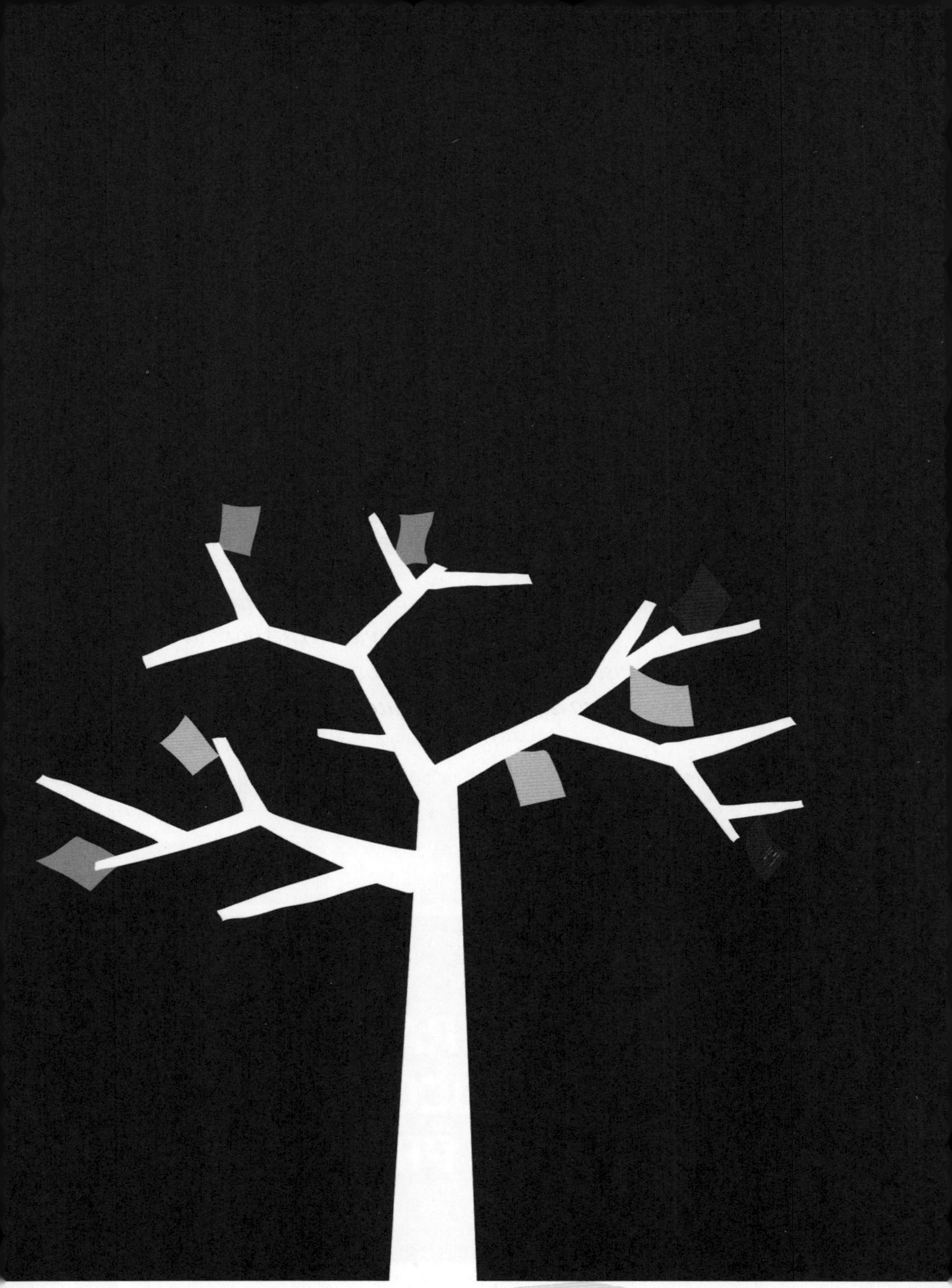

CAPÍTULO 1

PROCESSO DE FUNDAMENTO

"Todo aquele, pois, que ouve estas minhas palavras e as pratica será comparado a um homem prudente que edificou a sua casa sobre a rocha; e caiu a chuva, transbordaram os rios, sopraram os ventos e deram com ímpeto contra aquela casa, que não caiu, porque fora edificada sobre a rocha. E todo aquele que ouve estas minhas palavras e não as pratica será comparado a um homem insensato que edificou a sua casa sobre a areia; e caiu a chuva, transbordaram os rios, sopraram os ventos e deram com ímpeto contra aquela casa, e ela desabou, sendo grande a sua ruína" (Mateus 7. 24-27 - ARA)

Vivemos em um mundo de expertises, onde todos precisam ser especialistas em alguma coisa, ou em muitas, para alguma finalidade. Mas existe uma linha muito fina, muito tênue, entre a esperteza e a malandragem em nossos dias. Assim como também existe uma linha muito sutil entre inteligência e sabedoria. Existe um dito popular que diz: "o mundo é dos espertos, mas o céu é dos escolhidos".

O bom da nossa teologia wesleyana é que Deus escolheu a todos, mas nem todos conseguem escolhê-Lo, nem todos conseguem construir uma vida com Deus e em Deus.

E não existe possibilidade de construirmos objetivamente sem fundamentar subjetivamente. Raramente, quando observamos qualquer construção pronta, conseguiremos enxergar seus fundamentos e toda sua estrutura. Por este motivo, muitos duvidavam de quem Jesus Cristo era, pois nele não havia formosura de Deus (Isaías 53.1-2). Por isso a figura que Jesus ilustra de um o homem prudente e sábio é de alguém que sabe lançar bem seus fundamentos. Nossa sociedade está acostumada a construir tudo de maneira objetiva e empreendedora, visando alcançar resultados, e dificilmente pensa de forma subjetiva. Por isso investe em viabilidade e recursos para alcançar resultados, comprometendo assim a sustentabilidade dos processos.

Todo processo de construção, de edificação bem-feito passa pelo processo de fundamentação. Quando Jesus nesta passagem do Evangelho de Mateus compara o prudente e o tolo, ele não compara falando da capacidade construtiva, ele fala dos fundamentos! Ele diz que tanto um sábio e prudente quanto um tolo são capazes de construir e, em um ponto de vista construtivo, um tolo não tem nada a ver com um débil e incapaz. O tolo é o famoso esperto! Muitas vezes, o tolo é o inteligente, por isso quando Jesus fala, não está falando de um estulto, e sim de uma pessoa sagaz. O tolo aqui nesta passagem é aquele que, na sua esperteza e inteligência, quer economizar nos processos, para chegar mais rápido aos resultados.

Muitas vezes fracassamos, não por fazer coisas erradas, mas porque fazemos as coisas certas pelos motivos errados. O certo pelo certo pode nos afastar mais rapidamente de Deus do que o próprio erro. Frequentemente, as coisas fracassam justamente porque estavam dando certo. Hoje, a igreja brasileira não enfrenta o seu errado; o grande desafio não é o que está errado na igreja, mas a compreensão equivocada do certo! Dogmatizamos tanto o certo, e achamos que basta fazer a coisa certa para estarmos fazendo a vontade de Deus. Até porque algo que é certo para um pode não ser o que é certo para o outro, tampouco o que é certo para Deus.

Por exemplo, um prédio que "deu certo", mas está mal fundamentado, pode produzir sua autodestruição (como o caso do Palace II, na Barra da Tijuca, no Rio de Janeiro, em 1998). É o mesmo que construir um prédio de 10 andares sobre a fundação de um edifício planejado para apenas três andares. Gasta-se tempo e recursos para erguer os três, economizando nos fundamentos — isso é uma espécie de esperteza. Do ponto de vista comercial, a sacada é construir sobre a areia, pois custará menos tempo e menos recursos. Porém, entregará um produto perecível, que alimenta apenas um processo comercial de velocidade, desempenho e capacidade. Essas são características inteligentes, mas não prudentes nem sábias.

Sábios e tolos, prudentes e insensatos, têm a mesma capacidade de construir. Contudo, o processo do sábio e prudente é diferente: mais oneroso, mais lento e, às vezes, mais desgastante. Muitas vezes, em nossa esperteza, não queremos passar pelo desgaste, queremos chegar logo ao resultado, pois há uma tendência em pensarmos em custo-benefício e em resultados rápidos.

> A PALAVRA DE DEUS NÃO É PARA NOS ENSINAR CAMINHOS MAIS FÁCEIS OU RESULTADOS RÁPIDOS, MAS PARA FUNDAMENTAR PROCESSOS!

A Palavra de Deus precisa transformar nossa consciência, e não apenas nos oferecer metodologias e práticas para produzir resultados positivos. O apóstolo Paulo dizia às igrejas que o Evangelho é uma arma poderosa na desconstrução de fortalezas do nosso entendimento (2 Coríntios 10.4-5). Nunca experimentaremos a plena vontade de Deus enquanto não destruirmos as fortalezas, sofismas e referências equivocadas do nosso entendimento.

Em Romanos 12, fala-se de um sacrifício vivo, ou seja, de renunciar à nossa maneira natural de pensar. Nossa forma de construir está comprometida pela forma e maneira com que pensamos; muitas vezes, pensamos e tentamos discernir com base em critérios puramente humanos. Temos motivos humanos para ler a Bíblia, mas nos faltam motivos espirituais para ler a Palavra de Deus.

Nosso conceito de espiritualidade, muitas vezes, é o de um ser humano se esforçando para ser espiritual, quando, na verdade, a Palavra de Deus nos dá a consciência de que somos um ser espiritual que deve se esforçar para ser humano. Existe um conflito de pensamento: um Deus querendo ser homem, e o homem querendo ser Deus. Apenas sacrificando esse tipo de pensamento seremos transformados em nosso entendimento — e, assim, poderemos experimentar a vontade de Deus.

O que são sofismas? Não são pensamentos errados, mas pensamentos que têm a forma de algo certo, embora, em sua essência, tenham uma natureza corrompida. Possuem aparência de correção, mas estão corrompidos e deformam o nosso pensamento. Por isso, não adianta tentar edificar se não houver fundamento.

Em nosso texto-base, tanto o prudente quanto o insensato, o sábio ou o tolo, recebem condições e capacidades para construir e edificar sua casa do jeito que quiserem. Ambos também enfrentam adversidades e tempestades, ambos passam por processos. Porém, a diferença está no tipo de processo. Será que estamos vivendo processos para aliviar nossas dores ou para curá-las? Estamos enfrentando processos para resolver um problema específico ou para transformar nossa vida? Estamos tentando encurtar caminhos, pegar atalhos, ou participamos de um processo que será completo e pleno, ainda que difícil e estreito, mas que é o melhor?

A realidade é que, desde que nascemos, estamos passando por processos de transformação. Com certeza, não somos mais os mesmos de dez ou cinco anos atrás. O problema surge quando queremos mudar a rota dos processos de Deus Pai e seguir os processos do mundo. Podemos até ter estrutura, mas estaremos interrompendo os fundamentos.

ANOTAÇÕES DO MEU PROCESSO

REFLEXÃO PESSOAL

1. Em que base espiritual estou construindo minha vida?

2. O que preciso remover ou reforçar no meu alicerce?

3. Meus fundamentos apontam para Cristo ou para mim mesmo?

> **TUDO QUE PERMANECE, COMEÇA COM UM FUNDAMENTO SÓLIDO EM DEUS.**

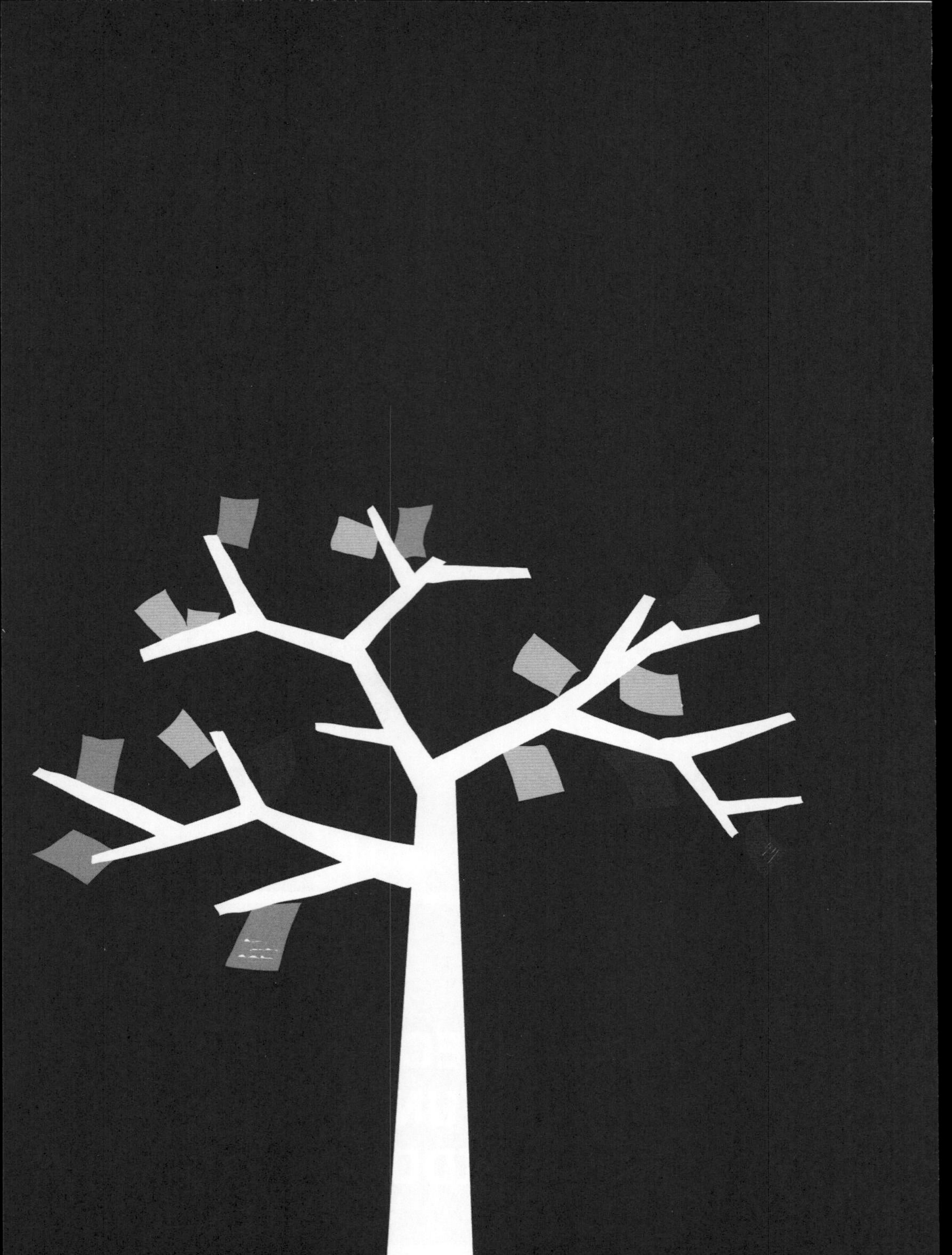

CAPÍTULO 2

PROCESSO DE CONHECIMENTO

Não ensinará jamais cada um ao seu próximo, nem cada um ao seu irmão, dizendo: Conhece ao Senhor, porque todos me conhecerão, desde o menor até o maior deles, diz o Senhor. Pois perdoarei as suas iniquidades e dos seus pecados jamais me lembrarei. (Jeremias 31.34 - ARA)

E a vida eterna é esta: que te conheçam a ti, o único Deus verdadeiro, e a Jesus Cristo, a quem enviaste. (João 17.3 - ARA)

O pastor Leandro Barreto, da Igreja POIEMA, costuma dizer que as pessoas hoje têm conhecimento de tudo, devido ao fato de vivermos na era da informação. E têm conhecimento de tudo porque, quando precisam saber algo, dão uma "googlada", ou seja, acessam o site de buscas Google e perguntam o que não sabem, porque lá no Google tem: o doutor Google, o professor Google, o pastor Google... e deve ter até o "Deus Google"! Afinal de contas, o Google sabe de tudo.

Esse site/app pode até se enquadrar dentro de uma espécie de teologia sobre o que é um deus: ele é onisciente, sabe tudo o que há para saber, basta perguntar; é onipresente, está acessível com um clique na internet; é imortal, suas informações e algoritmos estão distribuídos entre vários servidores, de modo que não dá para destruí-lo definitivamente; e registra todas as nossas preferências, erros e tem vocação para ser infinito.

Enfim, o Google pode ajudá-lo a se organizar e mantê-lo informado, pode fornecer informações de como tirar uma vida ou de como salvá-la, pode apontar melhores rotas e caminhos mais eficientes. Mas há uma coisa que o Google não pode fazer: ele não pode fornecer o conhecimento que nos dá a vida eterna, e você entenderá o porquê.

E em pleno século XXI, morando aqui em São Paulo, é difícil encontrar alguém que nunca tenha ouvido falar de Deus ou de Jesus Cristo — até porque um dos nomes mais pesquisados no Google é justamente "Jesus Cristo".

Mas será que ter uma "informação" sobre Deus é o mesmo que ter uma "revelação" sobre Ele? Será que possuir uma "informação" é o mesmo que ter conhecimento sobre quem Deus é?

É difícil acreditar que uma informação superficial sobre algo seja equivalente a um conhecimento profundo dessa mesma coisa. O próprio conceito de "conhecer" ou "conhecimento", na ciência, é algo complexo, pois há diferenças entre o conhecimento tácito, o conhecimento explícito e o conhecimento empírico.

Então, pensando sobre o conhecer a Deus, dois versículos me chamam muito a atenção. O primeiro é a profecia de Jeremias 31.34, que descreve que haverá um momento na história da humanidade em que todos conhecerão a Deus e ninguém precisará ensinar ao próximo sobre Ele, pois do menor ao maior todos saberão que Ele é o Deus que perdoa e que não se lembrará dos pecados das pessoas.

Mas, ao ler esse versículo, podemos nos perguntar: quando é que isso vai acontecer, conforme o profeta disse? Porque, se pararmos para pensar, ainda aprendemos uns com os outros sobre quem Deus é. Temos à nossa disposição apóstolos, profetas, pastores e mestres nos ensinando e nos edificando sobre quem é Deus, e temos o Google também!

O segundo versículo, então, João 17.3, entra como uma resposta a essa pergunta: o que precisamos é conhecer quem Deus é e conhecer a Jesus Cristo, a quem Ele enviou — e isso nos garantirá a salvação, a vida eterna. No entanto, a palavra "conhecer" ali (*gnosco*) não quer dizer apenas ter uma informação sobre Deus e Jesus, mas refere-se a ser íntimo, a ter um conhecimento íntimo!

Tanto é que, no decorrer do capítulo 17, em sua oração, Jesus ora para que sejamos um. Mas intimidade e comunhão não surgem do nada, elas passam por um processo.

Então, para nos ajudar, abordarei o processo de conhecimento de Deus em "níveis", para que possamos identificar em que parte do processo estamos, onde paramos ou em que precisamos avançar, pois disso depende a nossa eternidade:

- *Primeiro nível: Conhecimento investigativo – Este é o nível da abordagem de fatos bíblicos e históricos, ou da junção de informações. Podemos considerá-lo como o nível da religiosidade;*

- *Segundo nível: Conhecimento dos meios* – Este é o nível dos caminhos, onde reconhecemos que Deus está no controle dos meios para alcançar determinado fim. Está relacionado às nossas necessidades e pode ser considerado o nível do poder de Deus;

- *Terceiro nível: Conhecimento da degustação* – Este é o nível da experiência ou vivência, relacionado à revelação escrita;

- *Quarto nível: Conhecimento de aprofundamento* – Este nível está ligado ao fundamento em amor; é o nível de viver a vontade de Deus;

- *Quinto e último nível: Conhecimento de transformação* – Este é o nível mais importante, pois envolve intimidade e frutos. À medida que permanecemos nele e nos tornamos um com Ele, somos transformados e frutificamos n'Ele e para Ele.

Finalizando, e voltando ao assunto do site de pesquisas Google: infelizmente, muitas pessoas em nossos dias estão confundindo Deus com o Google, um "deus" cego, generoso, que tudo sabe e nada vai negar. Mas Deus não é um sistema, um aplicativo, nem um algoritmo criado por pessoas. Deus é o Criador, e não um ser criado.

Quando se trata d'Ele, podemos conhecê-lo no nível da religiosidade, no nível do seu poder, ou apenas no nível da revelação escrita. Mas também podemos conhecê-lo no nível da sua vontade ou no nível da intimidade. O importante é que não venhamos a ter um cristianismo encostado e acomodado, mas sim um cristianismo transformado e transformador, como disse o profeta Oséias: "que possamos conhecê-lo e prosseguir em conhecer" a Deus e a Jesus Cristo, a quem Ele enviou.

É óbvio que parte desses conhecimentos exigirá a ajuda de pessoas no processo. Mas outra parte desses processos só será acessada por meio da unção do Espírito, para que alcancemos níveis de intimidade e profundidade (1 João 2.28-29).

ANOTAÇÕES DO MEU PROCESSO

1. Tenho buscado conhecer a Deus ou apenas sobre Ele?

2. O que tem alimentado meu entendimento espiritual?

3. Como o conhecimento tem moldado minhas decisões?

> **CONHECER A DEUS É O PRINCÍPIO DE TODA TRANSFORMAÇÃO.**

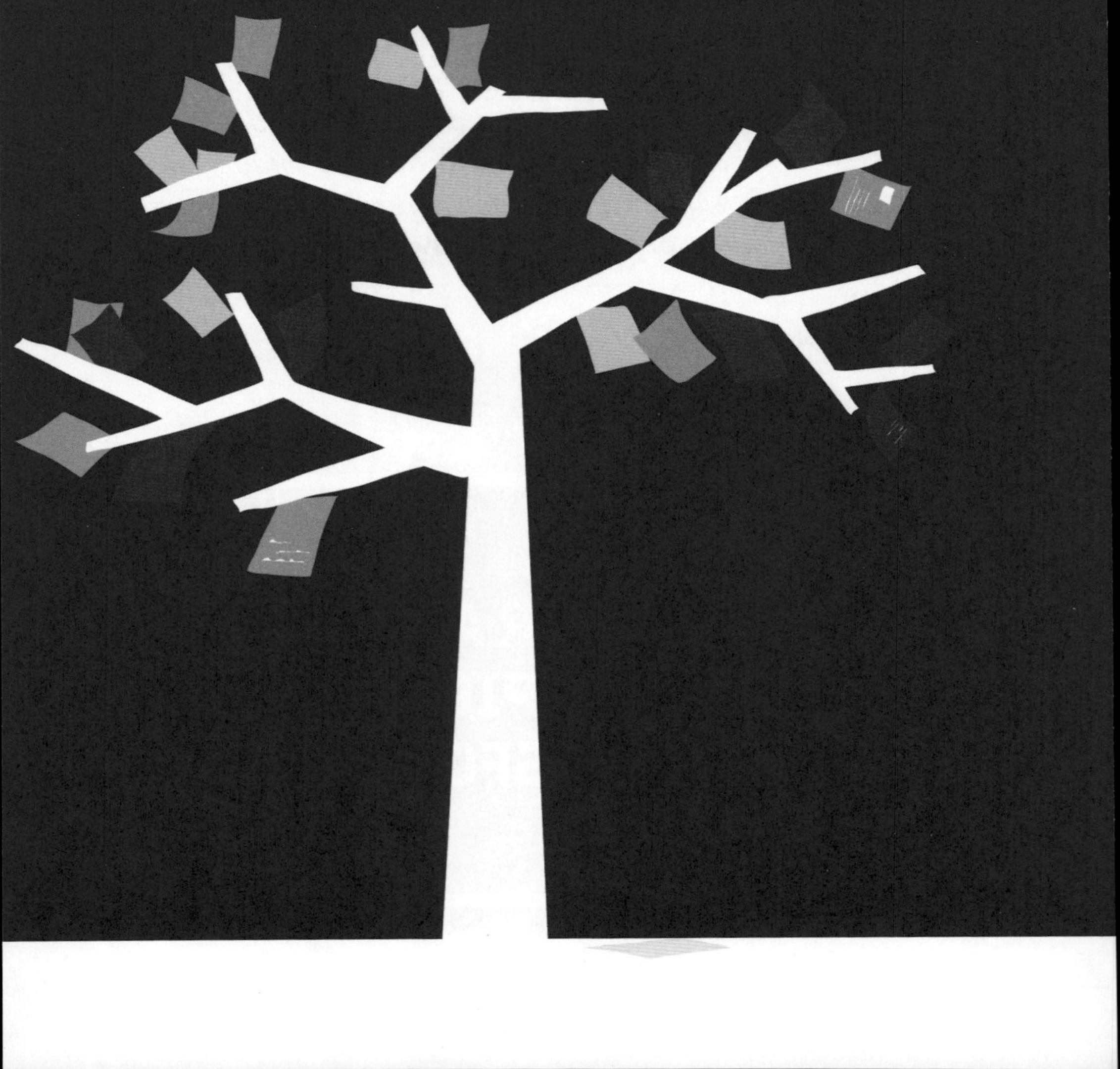

CAPÍTULO 3

PROCESSO DAS BATALHAS

"Fez Josué como Moisés lhe dissera e pelejou contra Amaleque; Moisés, porém, Arão e Hur subiram ao cimo do outeiro. Quando Moisés levantava a mão, Israel prevalecia; quando, porém, ele abaixava a mão, prevalecia Amaleque. Ora, as mãos de Moisés eram pesadas; por isso, tomaram uma pedra e a puseram por baixo dele, e ele nela se assentou; Arão e Hur sustentavam-lhe as mãos, um, de um lado, e o outro, do outro; assim lhe ficaram as mãos firmes até ao pôr do sol. E Josué desbaratou a Amaleque e a seu povo a fio de espada. Então, disse o Senhor a Moisés: Escreve isto para memória num livro e repete-o a Josué; porque eu hei de riscar totalmente a memória de Amaleque de debaixo do céu. E Moisés edificou um altar e lhe chamou: O Senhor É Minha Bandeira" (Êxodo 17. 10-15 - ARA)

Algumas pessoas dizem que grandes batalhas só vêm para grandes guerreiros. Quando penso em batalhas, logo me vem à mente uma frase do escritor e educador americano Jonathan Kozol, que diz: "Escolha batalhas suficientemente grandes para importar, suficientemente pequenas para vencer." Pois existe uma grande diferença entre guerras e batalhas (...).

Entendemos que esta é uma passagem de guerra do povo de Deus, liderado por Josué, contra os amalequitas. Mas uma coisa me chama a atenção: o texto diz que, quando Moisés levantava as mãos, o povo prevalecia; quando abaixava os braços, o povo perdia. A posição das mãos e dos braços de Moisés determinava vitória ou derrota. Todo o cenário dessa batalha, assim como o próprio Moisés, é uma figura que aponta para Cristo.

- *Jesus Cristo, quando foi crucificado, foi entregue por Satanás e seus demônios por meio da ação romana, que arranjou uma forma de crucificá-lo de maneira humilhante e vergonhosa numa cruz. Ele foi pendurado com os braços e mãos estendidos. E Jesus, naquela cruz, estava dizendo — sem palavras: "O que Moisés fez pelo povo, eu estou fazendo agora por vocês. Eu sou o novo Moisés agora... podem ir e enfrentar suas batalhas, pois estou de braços abertos por vocês, e vocês, com certeza, irão vencer". Por isso, faz sentido o texto do profeta Isaías 59.1: "Eis que a mão do Senhor não está encolhida, para que não possa salvar...". Os braços e as mãos do Senhor estão estendidos! Em Sofonias 3.16, o profeta declarou: "Naquele dia, se dirá a Jerusalém: Não temas, ó Sião, não se afrouxem os teus braços";*

- *Jesus era a pedra sobre a qual Moisés se sentou. Eu sou o sacerdote que estava ao lado de Moisés. Jesus Cristo é também a rocha e o sacerdote. Assim, podemos ir servi-lo e enfrentar qualquer batalha;*

Se Moisés ficou com as mãos levantadas, se Cristo ficou com as mãos levantadas, eu e você também devemos manter nossas mãos levantadas em nossa cruz, em intercessão, oração e adoração. O texto deixa claro que, ao levantarmos nossos braços e nossas mãos, venceremos as batalhas.

E então, por que devemos levantar nossas mãos em nossos dias? Qual é o real propósito disso? Em nosso processo de enfrentamento de batalhas, podemos fugir delas ou, de fato, enfrentá-las. E a Bíblia nos dá três motivos para levantarmos nossas mãos em meio às batalhas:

- *Primeiro, por reconhecimento de quem Deus é: "A ti levanto as mãos" (Salmo 143.6).*
- *Segundo, para adorarmos a Deus: "Esdras bendisse ao Senhor, o grande Deus; e todo o povo respondeu: Amém! Amém! E, levantando as mãos, inclinaram-se e adoraram o Senhor, com o rosto em terra" (Neemias 8.6).*
- *Terceiro, como sinal de santidade: "Quero, portanto, que os varões orem em todo lugar, levantando mãos santas, sem ira e sem animosidade" (1 Timóteo 2.8).*

Talvez você tenha chegado aqui hoje com uma sensação de derrota, um sentimento de derrotismo lançado por Satanás em sua mente e coração. Saiba que existe uma grande diferença entre guerra e batalha: a guerra contém dentro de si muitas batalhas. E, com certeza, na vida, todos nós já perdemos algumas batalhas, mas também, com certeza, já vencemos outras.

Porém, continue reconhecendo quem Deus é; continue, nas suas batalhas, adorando somente a Ele; e, no meio de suas batalhas, continue vivendo em santidade, crendo que nosso Deus é o Senhor das guerras. A guerra é do Senhor, e o Senhor é o Senhor das batalhas: "Quem é o Rei da Glória? O Senhor, forte e poderoso, o Senhor, poderoso nas batalhas" (Salmo 24.8).

Em nossos processos de batalha, estando em Deus, não perderemos a guerra. Os braços do Senhor estão estendidos e não encolhidos; Suas mãos estão sobre nós.

ANOTAÇÕES DO MEU PROCESSO

REFLEXÃO PESSOAL

1. Qual tem sido minha maior batalha interna?

2. Tenho lutado com minhas forças ou com fé?

3. O que Deus quer me ensinar nesta luta?

> "A BATALHA REVELA QUEM SOMOS E EM QUEM CONFIAMOS."

CAPÍTULO 4

PROCESSO DA OBEDIÊNCIA

"Porém Samuel disse: Tem, porventura, o SENHOR tanto prazer em holocaustos e sacrifícios quanto em que se obedeça à sua palavra? Eis que o obedecer é melhor do que o sacrificar, e o atender, melhor do que a gordura de carneiros" (1 Samuel 15.22 - ARA).

Servir a Deus não tem segredo, mas tem um preço: obediência! Assim como a obediência tem um preço, a desobediência também tem — e é um preço alto. Talvez o nosso desafio não seja apenas ouvir a voz de Deus em meio aos nossos processos, mas, ao ouvi-la, obedecê-la.

Obedecer é a chave para alcançarmos grandes alvos. Entendo que o passo dado em obediência está marcado pela fé e, consequentemente, por bênçãos. Aprendi desde cedo que a obediência a Deus e aos seus princípios não requer um entendimento total das coisas, mas exige uma ação total. Quando se trata das coisas de Deus, toda vez que exigimos compreender racionalmente o que devemos fazer antes de obedecer, entramos em uma zona de risco.

Isso porque inúmeros sonhos, visões e desafios que Deus nos dá não serão revelados em sua totalidade na etapa inicial, e não compreenderemos sua grandeza, muitas vezes, por falta de maturidade.

O pastor Bill Johnson certa vez disse: "Deus esconde coisas por você, não de você". A esse respeito, temos diversos exemplos na Bíblia de pessoas que primeiro obedeceram, para depois entenderem o processo:

- *Noé teve que construir um barco mesmo sem ver uma gota de chuva. Foi tachado de maluco, porém salvou sua família e todos os animais criados por Deus;*
- *Abrão teve que sair da sua parentela sem saber para onde estava indo. Essa obediência o tornou Abraão, o Pai da fé;*
- *José teve um sonho de que seria honrado diante dos irmãos, mesmo sem saber o que enfrentaria. Sua obediência e fidelidade a Deus o tornaram governador do Egito.*

Estes e tantos outros obedeceram antes de entender o processo pelo qual passariam ou que enfrentariam. Na nossa vida também é assim: primeiro agimos em obediência, repetindo ou fazendo o que nos orientam, para depois começarmos a gerir nossas próprias decisões. Imagine um professor ensinando sobre conjunção verbal a um bebê de onze meses — daria certo? Imagine um pai ensinando uma criança de dois anos a andar de bicicleta, quando, na verdade, ela deveria estar aprendendo a andar com seus próprios pés com firmeza. Com certeza, não andaria de bicicleta, nem se esperaria que fizesse manobras radicais.

Da mesma maneira, a obediência nos protege nos momentos iniciais de nossa jornada. Quem nunca pensou, já ouviu ou já disse em algum momento da vida: "Agora entendo por que meu pai ou minha mãe me mandava fazer isso".

No contexto do texto que lemos, Deus pede ao rei Saul que tome o território dos amalequitas e destrua tudo — tudo mesmo, sem poupar nada (vv. 2-3). Mas ele fez as coisas do seu jeito (vv. 8-9): poupou o rei dos amalequitas, Agague, os melhores animais, as melhores coisas; e o que era desprezível e sem utilidade, isso sim ele destruiu. Obedeceu até onde lhe interessava, e sofreu as consequências por isso.

Para não incorrermos no mesmo erro do rei Saul, precisamos falar sobre três "princípios" bíblicos da obediência:

OS FILHOS DA DESOBEDIÊNCIA

O primeiro princípio é o dos filhos da desobediência (Efésios 5.6): "Ninguém vos engane com palavras vãs; porque, por essas coisas, vem a ira de Deus sobre os filhos da desobediência". Assim como existem filhos e filhas que obedecem a Deus, aquele e aquela que não obedecem a Deus são chamados de filhos da desobediência, pois não são conhecidos como filhos de Deus.

Muitos chamam Deus de Pai, mas poucos Lhe obedecem como filhos. Para Deus, nosso Pai, a obediência não é simplesmente uma atitude de quem apenas cumpre ordens, mas sim de quem é filho ou filha em fidelidade. O oposto da obediência é a rebeldia — ou rebelião.

Se tem algo que custa mais caro do que obedecer, é desobedecer. A desobediência não nos dá nada, ela apenas nos rouba e nos tira.

A desobediência:

- *Tirou Adão e Eva do Éden;*
- *Tirou Moisés da terra prometida;*
- *Tirou a força de Sansão;*
- *Tirou o trono de Saul;*
- *E levou Jonas ao mais profundo mar.*

A desobediência é igual à rebelião e à idolatria. Saul se rebelou contra Deus e valorizou mais as coisas do reino dos amalequitas, idolatrando sua própria coroa mais do que a Deus e aquilo que Deus desejava. E, como se não bastasse, além de tudo, ele ouviu mais a voz do povo do que a voz de Deus (v. 24). E isso lhe custou muito caro! Gerou consequências gravíssimas:

- *Deus o rejeitou (v. 26);*
- *Deus tirou seu reinado (v. 28a);*
- *Deus o substituiu (v. 28b);*
- *Deus não o perdoou (vv. 29; 35b).*

Quando desobedecemos, sacrificamos tudo, e só percebemos depois a burrada que fizemos. Assim como Saul, que achava que não perderia nada, mas perdeu tudo. E, depois, não adiantou se arrepender: tentou adorar a Deus, mas o Senhor nem recebeu sua adoração, pois ele havia sido rebelde.

Deus não é um Deus mau, mas a Bíblia diz que a ira de Deus vem sobre os filhos da desobediência (Colossenses

DEUS NÃO ACEITA TUDO, NÃO É CONIVENTE COM O PECADO. NEM TUDO COMBINA COM O ESTILO DE VIDA DE UM SALVO EM JESUS.

3.6; Efésios 5.6). A mesma Bíblia afirma que quem desobedece atua sob o domínio do diabo (Efésios 2.2); ou seja, quem caminha ou vive em desobediência não tem parte com Deus. Porque a bênção da obediência não está apenas ligada à pessoa a quem obedecemos, mas também à própria atitude de obedecer — à existência de um caráter obediente.

CRISTO É O MODELO DA OBEDIÊNCIA

O segundo princípio bíblico é que Cristo é o modelo da obediência (Hebreus 5.8-9): "Embora sendo Filho, aprendeu a obediência pelas coisas que sofreu e, tendo sido aperfeiçoado, tornou-se o Autor da salvação eterna para todos os que lhe obedecem".

Para entendermos melhor esse processo, precisamos olhar para a vida de extrema obediência de Jesus. Ele poderia ter feito tudo do seu jeito, mas dizia: "não seja como eu quero, mas como tu queres"; "não a minha vontade, mas a tua vontade" (cf. Mateus 26.39). Jesus sabia que o cumprimento de seu propósito seria difícil, mas decidiu obedecer para que toda a humanidade pudesse ser salva.

A obediência de Jesus vinha do seu mais íntimo, porque era humilde de coração. O orgulho faz a pessoa desprezar a obediência; mas, se for humilde, obedecerá a Deus. A obediência de Jesus também revelou sua fidelidade e caráter. A obediência é vital para forjar a força do nosso caráter. O caráter de uma pessoa não vem de fábrica, ele é gerado e testado em meio às adversidades da vida.

A falta de teste, no que diz respeito à obediência, fez Saul perder sua posição. O que deveria ter sido um êxito transformou-se em fracasso. Já Davi passou no seu teste, sendo aprovado com louvor, pois era um homem segundo o coração de Deus. A vida de Davi, em seus aspectos positivos, aponta para Jesus Cristo, o Rei dos reis e perfeito em obediência.

Adão não obedeceu, mas Jesus obedeceu até a morte, e morte de cruz (Filipenses 2.8). Para Adão, Deus disse: "Obedeça ou morra". Para Jesus Cristo, Deus disse: "Obedeça e morra".

Devemos levar nossa mente e pensamentos cativos não à obediência de grandes homens bíblicos ou heróis da fé, pois todos eles falharam em algum momento de suas vidas, mas devemos levar nossa mente e pensamentos cativos àquele que em tudo obedeceu: Cristo (2 Coríntios 10.5).

A OBEDIÊNCIA REVELA AMOR

O terceiro e último princípio é que a obediência revela o amor (João 14.21): "Aquele que tem os meus mandamentos e os guarda, esse é o que me ama; e aquele que me ama será amado por meu Pai, e eu também o amarei e me manifestarei a ele".

Além disso, a obediência de Jesus estava diretamente relacionada ao que Ele amava e ao que Ele odiava. Acima de tudo, Jesus amava o Pai celestial. Seu amor era tão intenso e profundo que gerava temor a Deus — temor de desagradá-lo. Diante disso, a obediência de Jesus continua sendo, até hoje, a maior referência para nós e para o mundo.

Não obedecemos a Deus por obrigação, nem por peso, mas por amor. Não devemos obedecer a Deus, nem aos líderes que Ele vocacionou, por medo ou por causa de títulos, mas porque enxergamos neles o amor de Jesus Cristo.

Charles Spurgeon certa feita escreveu: "Fé e obediência fazem parte do mesmo pacote. Aquele que obedece a Deus, confia n'Ele; aquele que confia em Deus, obedece-Lhe". Eu mudaria essa frase para: "Amor e obediência fazem parte do mesmo pacote. Aquele que obedece a Deus, ama-O; aquele que O ama, obedece-O".

Jesus Cristo nos ensinou, por meio do amor, que podemos obedecer a Deus voluntariamente — e não de forma forçada, como se fosse apenas um rito religioso. Sendo assim, qualquer pequeno passo em obediência a Deus é um grande passo rumo ao cumprimento de Sua vontade (2 Coríntios 10.5).

O bispo R. C. Ryle disse: "Em um mundo de extrema rebelião contra Deus, um pouco de obediência é transformado em fanatismo". A obediência continua sendo um princípio divino, mesmo que nossa cultura atual não a valorize — e mesmo que muitos não a pratiquem.

Obedecer significa confiar em Deus. A obediência nos protege. A obediência pode nos levar a novos patamares. Decidir obedecer nos fará colher os frutos dessa decisão. E, com certeza, obedecer é melhor do que sacrificar.

Não se trata de uma obediência cega, desprovida de princípios bíblicos, mas de uma obediência que faz parte dos processos que Deus tem em nossas vidas. Reforço que nem sempre a obediência exigirá um entendimento total da situação como um todo, porque a obediência requer fé. E fé é a certeza e a convicção das coisas que se esperam, mas que ainda não se veem. Sob esse prisma da obediência divina:

- *é melhor obedecer do que quebrar a cara;*
- *é melhor obedecer do que viver pedindo perdão;*
- *é melhor obedecer do que ficar reclamando;*
- *é melhor obedecer do que sacrificar.*

A obediência também é sinal de submissão à vontade de Deus. Confiar, mesmo quando parece que não vai dar certo, mesmo quando achamos que não vamos conseguir. Ele nos trará a vitória. Obedeça a Deus, mesmo que você sinta que não está aguentando mais. No que diz respeito ao processo de obediência, isso envolve uma via de duas mãos: obedecer a Deus quando Ele diz para fazer e obedecer a Deus quando Ele diz para não fazer! Pois ainda é melhor obedecer a Deus em nossos míseros anos de vida nesta terra do que passar a eternidade onde há choro, dor e ranger de dentes.

E você? Quer ser achado como um servo bom e fiel a Deus, obediente e constante em meio aos processos? Ou como um filho ou filha da desobediência, sobre o qual vem a ira de Deus?

Obedecer a Deus na Nova Aliança não tem a ver com os 613 mandamentos da Antiga Aliança — que eram impossíveis de serem cumpridos por qualquer pessoa —, mas com os dois únicos mandamentos que resumem toda a Lei e os Profetas: crer e amar (1 João 3.23).

ANOTAÇÕES DO MEU PROCESSO

REFLEXÃO PESSOAL

1. O que Deus tem me pedido que ainda resisto?

2. Minha obediência tem sido parcial ou completa?

3. Obedecer a Deus me custa ou me liberta?

> **OBEDECER É CONFIAR, MESMO QUANDO NÃO SE ENTENDE O CAMINHO.**

CAPÍTULO 5
PROCESSO DO TEMPO

"Tudo tem o seu tempo determinado, e há tempo para todo propósito debaixo do céu: há tempo de nascer e tempo de morrer; tempo de plantar e tempo de arrancar o que se plantou; tempo de matar e tempo de curar; tempo de derribar e tempo de edificar; tempo de chorar e tempo de rir; tempo de prantear e tempo de saltar de alegria; tempo de espalhar pedras e tempo de ajuntar pedras; tempo de abraçar e tempo de afastar-se de abraçar; tempo de buscar e tempo de perder; tempo de guardar e tempo de deitar fora; tempo de rasgar e tempo de coser; tempo de estar calado e tempo de falar; tempo de amar e tempo de aborrecer; tempo de guerra e tempo de paz. Que proveito tem o trabalhador naquilo com que se afadiga? Vi o trabalho que Deus impôs aos filhos dos homens, para com ele os afligir. Tudo fez Deus formoso no seu devido tempo; também pôs a eternidade no coração do homem, sem que este possa descobrir as obras que Deus fez desde o princípio até ao fim." (Eclesiastes 3.1-11 - ARA)

Existe um provérbio chinês que diz: "Se quiser derrubar uma árvore na metade do tempo, passe o dobro do tempo amolando o machado". Não tem como falar de processos sem mencionarmos o tempo. O tempo é a maior riqueza que uma pessoa possui, e é o teste do tempo que revela o que está em nosso coração.

Será que entendemos o verdadeiro valor do tempo? Não existe falta de tempo, existe falta de prioridade.

Entendemos que Salomão, filho de Davi, é o pregador que escreveu este livro. A palavra "Eclesiastes" tem a mesma origem do vocábulo grego *Ekklesia*, de onde vem a palavra "igreja". O pregador está falando a uma comunidade sobre a impossibilidade intransponível de o ser humano encontrar qualquer sentido na vida por meio das realizações pessoais e conquistas deste mundo.

Em sua jornada do berço à sepultura, caminhando debaixo do sol, ele só encontra fadigas. Salomão, ao longo de todo o livro, faz uma peregrinação exaustiva pelos caminhos da vida. Ele toca, sonda e experimenta muitas coisas: das mais altas às mais baixas, das mais complexas às mais simples, das mais distantes às mais próximas, das mais táteis às mais impalpáveis. Mas tudo — acima, ao redor, abaixo e dentro dele, debaixo do sol — é marcado pela ausência crônica de sentido.

E, no capítulo 3, ele se dedica à busca pelo sentido do tempo. O Pregador, meticuloso, observa neste capítulo como Deus sobrecarregou homens e mulheres: não deixando nada previsível. Cada dia traz em si um potencial tanto para angústia e desespero quanto para alegria e boas perspectivas.

Um dos maiores inimigos do tempo, em nossos dias e em nossa geração, é a pressa — a vida acelerada e apressada que levamos. E com ela vêm certos males: ansiedade, estresse e distração. A pressa não é apenas inimiga da perfeição; também é inimiga da atenção e da concentração. A atenção é inimiga da velocidade.

Podemos ser velozes, mas não podemos ser desatentos, porque há coisas em nossa vida que simplesmente levam tempo! Por exemplo: embora tenhamos pressa para amar, amar exige desacelerar, dar atenção e ter concentração.

Rick Warren disse que amor não se escreve com quatro letras, mas com cinco: T-E-M-P-O. Naquilo que amamos, investimos tempo. A vida se traduz em gestão e investimento de tempo.

Na maioria das vezes, estamos com tanta pressa que não prestamos atenção às outras pessoas e acabamos olhando apenas para nós mesmos. Vivemos apenas um: "cada um por si e Deus por todos".

O VERDADEIRO VALOR DO TEMPO

Por isso, é fundamental compreendermos o valor do tempo. Imagine que fosse creditado, diariamente, em sua conta bancária o valor de R$ 86.400,00. O que você faria sabendo que não pode transferir esse valor para ninguém e nem utilizar o saldo no dia seguinte? A cada meia-noite, esse saldo seria zerado, mesmo que você não tenha conseguido gastá-lo durante o dia. O que você faria? Provavelmente, assim como eu, você gastaria cada centavo!

E se eu dissesse que todos nós somos clientes desse banco — e que esse banco se chama tempo? Todas as manhãs, são creditados 86.400 segundos para cada ser humano. E toda noite, esse valor é debitado por falta de uso. No entanto, não é permitido acumular esse saldo para o dia seguinte. A cada manhã, sua conta é reiniciada, e, a cada noite, as sobras do dia simplesmente se evaporam. Não há volta.

Cada um de nós recebe, em mais um dia de vida, um depósito diário dado por Deus. O relógio está correndo, por isso, faça o melhor que puder com ele.

Observe o valor contido em um ano, em um milésimo de segundo... Você sabe qual é o valor do tempo que Deus te deu? Se não sabe, veja:

- *O valor de um ANO: pergunte a um estudante que repetiu de ano;*
- *O valor de um MÊS: pergunte a uma mãe que teve um bebê prematuro;*
- *O valor de uma SEMANA: pergunte a um editor de jornal semanal;*
- *O valor de uma HORA: pergunte a dois apaixonados esperando para se encontrar;*
- *O valor de um MINUTO: pergunte a alguém que perdeu um transporte desejado;*

O QUE ALGUNS PODEM CHAMAR DE ATRASO, DEUS CHAMA DE PROCESSO.

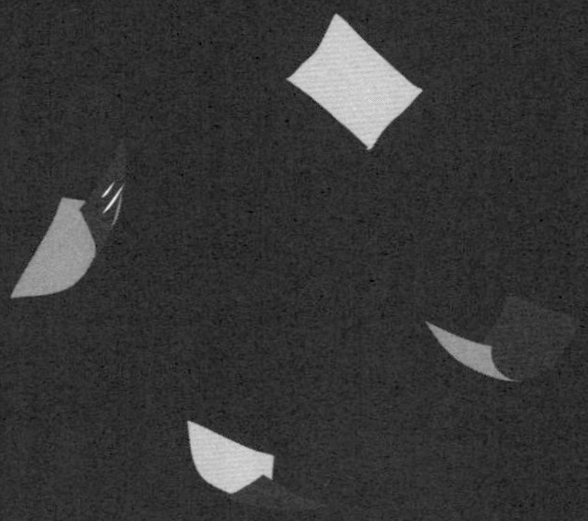

- *O valor de um SEGUNDO: pergunte a uma pessoa que evitou um acidente;*
- *O valor de um MILÉSIMO DE SEGUNDO: pergunte a um atleta que perdeu a medalha de ouro em uma olimpíada;*
- *VALORIZE CADA MOMENTO QUE VOCÊ TEM.*

O TEMPO E AS PESSOAS

Também devemos compreender a relação entre o tempo e as pessoas. Existem diversos exemplos, tanto no Antigo quanto no Novo Testamento, de como o processo do tempo atua na vida das pessoas, trazendo maturidade, lucidez e sobriedade, porque todas as pessoas passam pelo teste do tempo. O tempo faz bem para algumas pessoas e, para outras, nem tanto.

Um exemplo bíblico que desejo citar é o da vida de Pedro. Desde que Jesus encontrou Pedro e o convidou para ser pescador de homens até a grande pesca de almas que ele realiza, passam-se quatro anos (cf. Atos 2.36). O processo de Pedro foi árduo: ele falou demais, foi chamado de inimigo, agrediu pessoas, dormiu na hora errada, negou ser seguidor do Mestre — entre tantas outras atitudes — até se tornar o grande apóstolo que foi.

No caso de Pedro, o teste do tempo revelou, com clareza, o que precisava ser transformado. Ele poderia ter desistido do processo, como Judas, mas não desistiu! Judas aceitou propostas, não um propósito. Devemos tomar cuidado com as propostas deste mundo para não abortarmos os processos e o propósito.

Porque, afinal de contas, é como se termina a caminhada que realmente importa. As dores e o tempo envolvidos no processo fortalecem minhas raízes, tornando-as mais profundas — e são essas raízes que me sustentarão nos dias de luta e de grandes desafios.

JESUS E O PROCESSO DO TEMPO

Devemos também refletir sobre Jesus e o processo do tempo.

Agora, quero focar na vida de Jesus e o processo do tempo que Ele viveu aqui nesta terra. Jesus é o Filho unigênito de Deus, que veio ao mundo com a missão de salvar e reconciliar o homem com o Pai. Obviamente, Ele sabia como cumprir essa missão e estava disposto a se doar completamente para realizar o maior ato de amor da história.

A pergunta crucial é: se Ele era o Filho de Deus, e também o próprio Deus, por que precisaria passar por processos?

Jesus, durante toda a sua vida na terra, não viveu em meio a facilidades desde o seu nascimento. Mas quero destacar alguns dos processos marcantes pelos quais Ele passou:

- *Processo inicial – No início do ministério de Jesus, Ele foi levado ao deserto para ser tentado pelo diabo, sendo exposto à necessidade (fome), ao poder (provar que é Deus) e à vaidade ("tudo isso te darei");*
- *Processo intermediário – Esse processo é marcado pela morte, na qual Jesus abraçou todo o sofrimento de forma apaixonada;*
- *Processo final – Nesse processo, Ele consumou todas as coisas: venceu a morte, o diabo e o inferno,*

ressuscitou e se tornou espírito vivificante, passando a habitar em cada um de nós.

Deus Pai, assim como Jesus, poderia resolver tudo com um estalar de dedos, porém, não o fez. Jesus enfrentou o tempo e os processos da forma mais humana possível, para mostrar a cada um de nós (seres humanos) que, em Jesus Cristo, também podemos vencer os processos e o tempo. A Bíblia diz que Jesus veio na plenitude do tempo (Gálatas 4.4) e que, em nossas dificuldades e processos, Ele é poderoso para nos ajudar (Hebreus 2.18).

O tempo é passado, presente e futuro — e é em meio ao processo do tempo que Deus deseja nos moldar. O tempo é muito precioso; não o desperdice!

O tempo revela o que está escondido em nosso coração. Discernir o tempo faz de você alguém que controla a ansiedade. O tempo prova nossas reais intenções e prioridades. O tempo testa nossa fé. O tempo dirá o que você realmente ama.

Nunca espere algo ruim acontecer para encontrar tempo. Deus não é uma má pessoa, Ele é um Pai de processos. Deus não tenta ninguém, mas, com toda certeza, Ele nos testa e usará o tempo para isso. Ele é aquele que nem ao seu próprio Filho poupou...

Diante disso, duas coisas são necessárias:

- *Primeiro, entenda que o tempo que passou não pode ser mudado, mas uma decisão sua hoje — de perseverar no processo — pode construir um futuro glorioso para cada um de nós;*
- *Segundo, precisamos compreender que não passamos pelos nossos processos sozinhos. Deus é conosco, Ele é em nós e por cada um de nós.*

ANOTAÇÕES DO MEU PROCESSO

REFLEXÃO PESSOAL

1. Como tenho lidado com os tempos de espera?

2. Tenho respeitado o tempo de Deus ou apressado o processo?

3. Em que área preciso entregar meu tempo ao Senhor?

> "QUEM CONFIA EM DEUS APRENDE A ESPERAR COM FÉ."

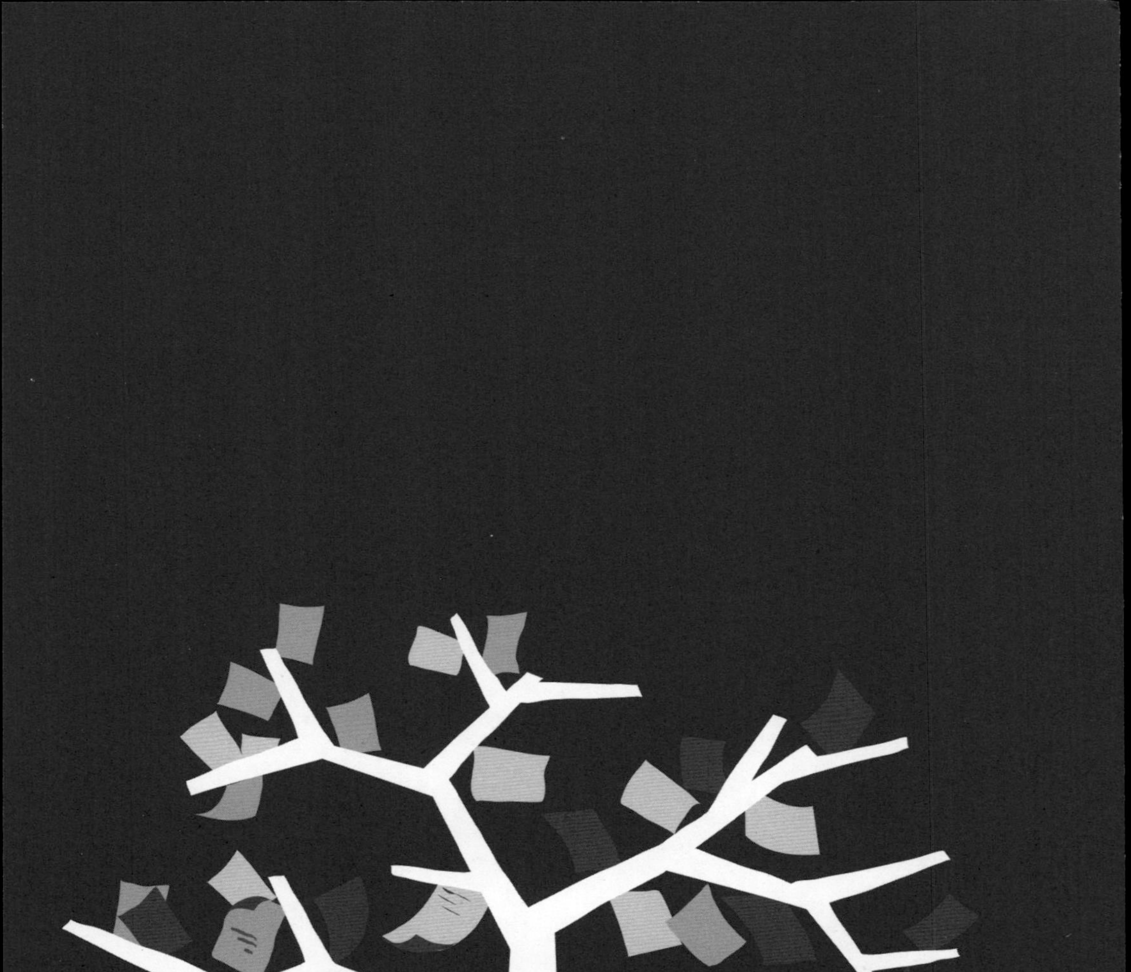

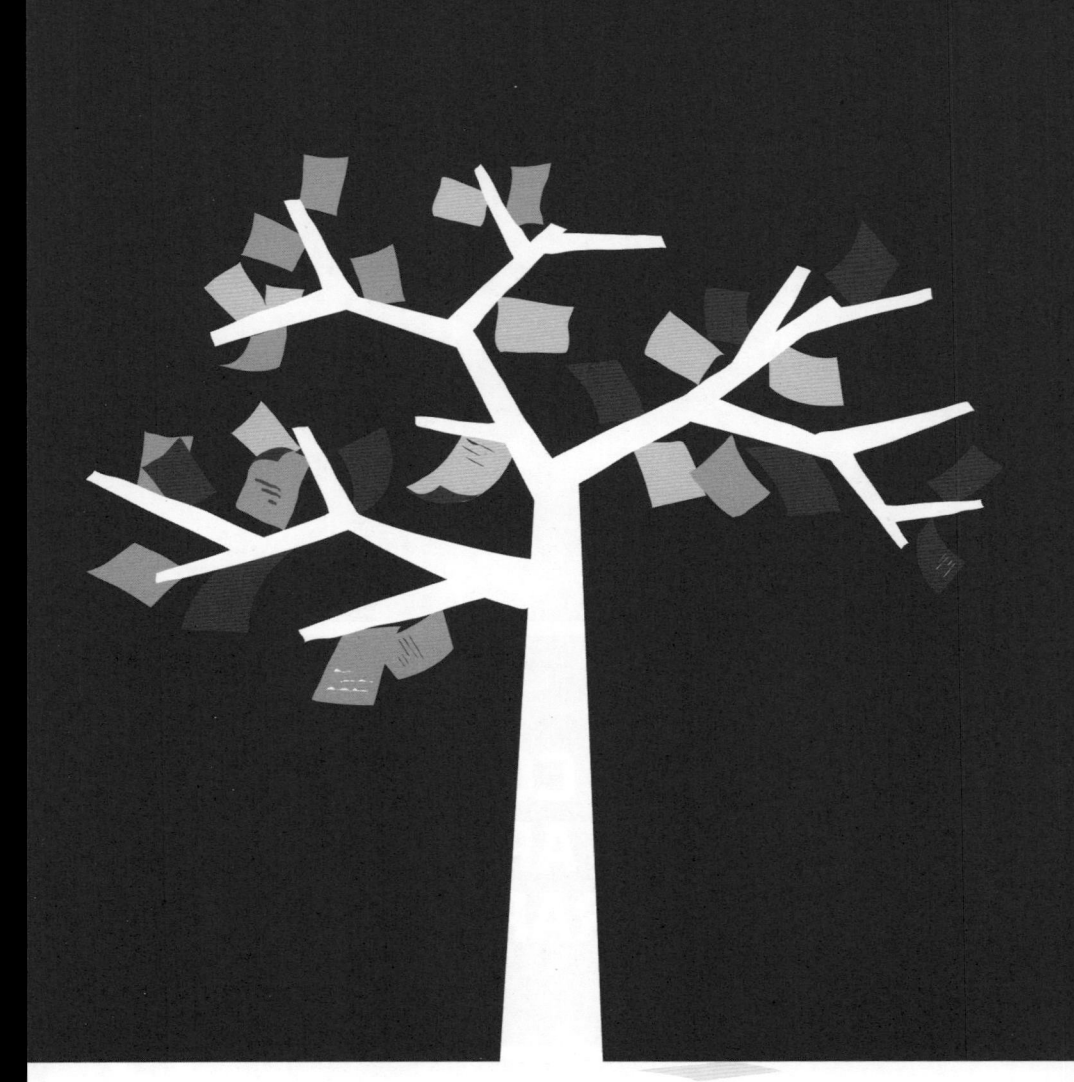

CAPÍTULO 6

PROCESSO DE LEGADO

"Pela fé, José, próximo do seu fim, fez menção do êxodo dos filhos de Israel, bem como deu ordens quanto aos seus próprios ossos." (Hebreus 11.22 - ARA)

Ao pensarmos em expressões populares como: "Viva como se não houvesse amanhã!"; "Que falta você faria se partisse?"; ou "Caixão não tem gaveta!", percebemos como muitas pessoas se concentram em trabalhar para deixar herança aos filhos e filhas, mas não se preocupam em deixar um legado.

E qual é a diferença entre herança e legado?

Herança é algo externo, enquanto legado é algo interno. Herança é o que deixamos para as pessoas; legado é o que deixamos nas pessoas.

Existe uma frase de Thiago Nigro que resume bem essa ideia: "Dinheiro é o que você ganha; riqueza é o que você constrói; herança é o dinheiro que você deixa para outros; legado é a riqueza que você deixa nos outros".

O livro de Hebreus, ao mencionar José do Egito, nos impressiona e nos intriga com sua afirmação. José nos impressiona porque sua vida alcançou o destino por meio de todos os processos que viveu e enfrentou desde a infância.

Mas, ao olharmos para a galeria dos heróis da fé — sobre os quais a Bíblia afirma que o mundo não era digno — nos intrigamos com o que o autor de Hebreus escolhe destacar sobre José. No versículo 22, ele é lembrado como um herói da fé, mas não são mencionados seus feitos, seus processos, seus sonhos, nem a revelação dos sonhos alheios; tampouco se fala do fato de ter ajudado a sanar a fome de seu povo e de várias nações, ou mesmo de ter alcançado a posição mais próxima de um faraó, que era visto como uma divindade.

Nada disso foi mencionado. Apenas se diz: "uma menção que fez dos filhos de Israel e deu ordem acerca dos seus ossos".

Isso não é, ao mesmo tempo, impressionante e intrigante?

José tinha cento e dez anos quando morreu. Haviam se passado noventa e três anos desde que foi vendido por seus irmãos, oitenta anos desde que apareceu diante do faraó pela primeira vez, e cerca de sessenta anos desde a morte de seu pai, Jacó.

O livro de Gênesis, um dos pilares da nossa fé, também conhecido como o livro das primeiras menções, em seu último capítulo e em seus dois últimos versículos, registra:

> "José pediu aos filhos de Israel que fizessem um juramento, dizendo: — Deus certamente visitará vocês. Quando isso acontecer, levem os meus ossos daqui. José morreu com a idade de cento e dez anos. Eles embalsamaram o seu corpo e o puseram num caixão, no Egito."
> (Gênesis 50.25-26)

Ou seja, suas últimas palavras não foram para exaltar a vitória na casa de Potifar, nem para destacar sua sobrevivência e influência no Egito. Pelo contrário, ele disse: "Não deixem meus ossos serem enterrados aqui, nesta terra chamada Egito".

E foi por causa dessa menção que ele foi considerado um herói da fé. Mas por quê?

O TÚMULO

Iniciaremos falando sobre o túmulo. Em Gênesis 23, o capítulo inteiro — com cerca de vinta versículos — é dedicado apenas à compra de um túmulo para Sara, em um lugar chamado Macpela. Você lê esse capítulo e pode pensar: "Mas o que tem a ver isso aqui, esse túmulo?".

Quando José estava em ascensão, em pleno apogeu, poderia ter mandado construir uma pirâmide para si, talvez até maior do que algumas das que existiam no Egito. Mas não foi isso que ele fez.

Em Gênesis 49.29-31, lemos:

> *"Depois Jacó lhes ordenou, dizendo: — Vou ser reunido ao meu povo; sepultem-me junto de meus pais, na caverna que está no campo de Efrom, o heteu, na caverna que está no campo de Macpela, em frente a Manre, na terra de Canaã, a qual Abraão comprou de Efrom com aquele campo, como propriedade para servir de sepultura. Ali sepultaram Abraão e Sara, sua mulher; ali sepultaram Isaque e Rebeca, sua mulher; e ali sepultei Lia."*

Esse não seria apenas mais um túmulo de Abraão, Sara ou Jacó. Os anos passaram, e, quando chegamos a

Êxodo 1.8ss, vemos surgir um levante dos egípcios contra os hebreus. Passam-se quatrocentos anos — e os ossos de José ainda não foram sepultados. O povo, contudo, mantinha viva a promessa que não poderia descumprir: levar os ossos de José à Canaã. Essa promessa os inspirava não apenas a viver na Terra Prometida, mas também a sepultar José ali.

O primeiro Adão encontrou sua esposa em um jardim e a conduziu a um túmulo. O último Adão, Cristo, encontrou Sua noiva no túmulo — e a está preparando para o paraíso.

OS OSSOS

Falaremos agora sobre os ossos. Em Êxodo 12.35-36, lemos: "Pediram aos egípcios objetos de prata, objetos de ouro e roupas". Então Deus levanta Moisés, e, conforme havia sido solicitado, tudo foi entregue ao povo para que levasse consigo. Moisés poderia ter pedido muito mais, inclusive parte da riqueza de Faraó e de todo o Egito. Mas o que ele também pede?

Em Êxodo 13.19-22, está escrito:

> *"Moisés levou consigo também os ossos de José, pois este havia feito com que os filhos de Israel jurassem solenemente, dizendo: 'Deus certamente visitará vocês. Quando isso acontecer, levem os meus ossos daqui.' Os israelitas partiram de Sucote e acamparam em Etã, à entrada do deserto. O Senhor ia adiante deles, durante o dia, numa coluna de nuvem, para os guiar pelo caminho; durante a noite, numa coluna de fogo, para*

os iluminar, a fim de que caminhassem de dia e de noite. A coluna de nuvem nunca se afastou do povo durante o dia, nem a coluna de fogo durante a noite."

Moisés pediu apenas aquilo que pertencia de fato ao povo (Êxodo 10.26). Mas ele próprio levou consigo os ossos de José. Para Moisés, uma das maiores riquezas era o legado de José.

O LEGADO

Agora falaremos sobre o legado (v.22). De tudo o que temos registrado na Palavra, a maior riqueza que possuímos não são apenas as promessas do Senhor, mas os legados gloriosos. "Certamente o Senhor os visitará..."

Moisés não tinha consigo apenas um cajado ou uma vara para abrir o mar, ele levava também os ossos de José. Durante os quarenta anos em que o povo caminhou pelo deserto, os ossos de José estavam com eles.

Quando Moisés se aproxima da morte, ele passa o bastão da liderança a Josué. Mas o que mais ele entrega, além de sua unção e autoridade? Josué 24.32 nos responde: "Os ossos de José, que os filhos de Israel trouxeram do Egito, foram sepultados em Siquém, naquela parte do campo que Jacó havia comprado dos filhos de Hamor, pai de Siquém, por cem peças de prata, e que veio a ser a herança dos filhos de José".

Josué agora cumpre o legado, não apenas o de Moisés, mas também o de José, sepultando seus ossos em *Macpela*. Mas a história e o legado de José não terminam com seu sepultamento.

Muitos anos depois, em Mateus 27.50-53, encontramos um dos relatos mais extraordinários da Bíblia. E o que vou ler aqui não posso afirmar com certeza absoluta que tenha sido exatamente assim, mas também não posso deixar de crer que tenha sido. O texto diz:

> *"E Jesus, clamando outra vez em alta voz, entregou o espírito. Eis que o véu do santuário se rasgou em duas partes, de alto a baixo; a terra tremeu e as rochas se partiram; os túmulos se abriram, e muitos corpos de santos já falecidos ressuscitaram; e, saindo dos túmulos depois da ressurreição de Jesus, entraram na cidade santa e apareceram a muitos."*

Eu não posso afirmar plenamente que José era um desses, mas também não posso deixar de acreditar que ele foi. José era um visionário, enxergava o futuro. Creio que Deus revelou a ele o que aconteceria séculos depois. E por isso ele quis voltar para sua terra. Próximo ao Calvário.

Todos os túmulos próximos ao Calvário se abriram. Os ossos receberam vida. E os ressuscitados entraram na cidade santa e apareceram a muitos.

Nosso destino final não é a morte, mas ver a Jesus! A Bíblia diz que nós O veremos como Ele é, tal como Ele é!

Com toda certeza, nosso destino não é ser lembrado apenas no dia da nossa morte, mas, enquanto vivermos, permitir que Cristo viva através de nós.

José do Egito, enquanto vivo, nos ensinou e nos deixou muitas lições. Mas foi lembrado também por seus ossos — os ossos de José falavam ao povo sobre seu legado. Assim como os ossos do profeta Eliseu, que, mesmo depois de morto, emanaram poder de ressurreição (2 Reis 13.21).

Na Antiga Aliança, Deus falava através dos túmulos e dos ossos. Mas na Nova Aliança, Deus fala através dos túmulos vazios e da ressurreição. E esse é o legado de Jesus.

José é lembrado por isso, porque não há ninguém no Antigo Testamento que mais aponte para Jesus do que ele.

JOSÉ DO EGITO	JESUS CRISTO
José Hb. *Yoseph*: "O Senhor acrescenta".	Jesus Hb. *Yehosua*: "O Senhor salva".
Foi enviado ao Egito como escravo. (Gênesis 37.25)	Fugiu ao Egito quando perseguido quando criança. (Mateus 2.13-14)
Condenado e preso entre dois homens — o copeiro e o padeiro —, um foi liberto, e o outro condenado (Gênesis 40).	Condenado e preso com 2 ladrões na cruz, um morre e o outro recebe o paraíso.
Filho amado de seu pai Jacó. (Gênesis 37.4)	Filho amado do Deus Pai (Lucas 3.22)
Traído por seus irmãos, um deles disse: "não vamos matá-lo, vamos vendê-lo por 20 siclos de prata". (cf. Gênesis 37.26-28)	Traído e negado por seus discípulos, um deles o vende por 30 moedas de prata. (Judas)
Jacó o abençoa o comparando com uma videira frutífera, cujos ramos passam o muro. (Gênesis 49.22)	Em João 15, Jesus lembra aos discípulos da benção de José, dizendo que ele era a videira verdadeira, Deus seu agricultor e viticultor, e cada um de seus discípulos, seus ramos. A bênção de Jacó era sobre Ele, e, sobre nós, não existem mais muros.

José é o irmão mais velho ou primogênito como filho de Raquel.	Jesus é nosso irmão mais velho como primogênito do Pai.
Por causa de José, seus irmãos e outros povos foram abençoados.	Por causa de Jesus, os judeus e outros povos gentios foram abençoados.
José procurou pelo seu irmão mais novo, que era para se chamar Benoni (amargura), mas seu nome foi mudado para Benjamim (filho da mão direita). Todos os irmãos foram salvos por José, mas apenas Benjamin recebeu 5 vezes mais, por ser filho de Raquel. (Cordeiro manso)	Jesus está procurando por filhos mais novos do Pai que ouçam a sua voz, que sejam verdadeiramente filhos do Cordeiro, pois suas ovelhas ouvem e reconhecem a sua voz. Ele nos colocou assentados com Ele à destra (direita) do Pai, nos lugares celestiais.

Por esses motivos — e por tantos outros —, a morte de José fala tão alto em seu legado. Porque ela aponta para a morte e a ressurreição de Jesus Cristo.

Para finalizar, a Bíblia afirma que não importa como começamos, mas sim como vamos terminar. E também declara que nem todos morreremos, mas todos seremos transformados.

A vida de José e a vida de Jesus nos revelam que, mais do que nos preocuparmos com o futuro, devemos nos preocupar com aquilo pelo qual seremos lembrados; com aquilo em que fomos transformados; e com aquilo que transformamos de maneira positiva por onde passamos.

Se você partisse hoje desta terra, como seria lembrado? Qual legado você deixaria? A forma como seremos lembrados é o legado que deixamos.

ANOTAÇÕES DO MEU PROCESSO

REFLEXÃO PESSOAL

1. O que estou construindo para as próximas gerações?

2. Minhas ações hoje apontam para a eternidade?

3. Que marcas desejo deixar na vida das pessoas?

> **LEGADO É O QUE DEIXAMOS QUANDO VIVEMOS COM PROPÓSITO.**

CAPÍTULO 7

PROCESSO DO DESERTO

"Mas os filhos de Israel caminhavam a pé enxuto pelo meio do mar; e as águas lhes eram quais muros, à sua direita e à sua esquerda. Assim, o Senhor livrou Israel, naquele dia, da mão dos egípcios; e Israel viu os egípcios mortos na praia do mar. E viu Israel o grande poder que o Senhor exercitara contra os egípcios; e o povo temeu ao Senhor e confiou no Senhor e em Moisés, seu servo." (Êxodo 14.29-31)

"Partiram de Elim, e toda a congregação dos filhos de Israel veio para o deserto de Sim, que está entre Elim e Sinai, aos quinze dias do segundo mês, depois que saíram da terra do Egito. Toda a congregação dos filhos de Israel murmurou contra Moisés e Arão no deserto; disseram-lhes os filhos de Israel: Quem nos dera tivéssemos morrido pela mão do Senhor, na terra do Egito, quando estávamos sentados junto às panelas de carne e comíamos pão a fartar! Pois nos trouxestes a este deserto, para matardes de fome toda esta multidão." (Êxodo 16.1-3)

Você já passou — ou conhece alguém que esteja passando — por um deserto? O deserto não é um lugar para se morar.

Na Bíblia, o deserto é sempre um lugar de passagem e propósito. Às vezes, Deus nos conduz ao deserto para nos aperfeiçoar. O deserto é o endereço aonde o Pai envia Seus filhos por um tempo determinado, com o objetivo de revelar, ensinar e transformar. O propósito do deserto é nos levar a descobertas. Deus já conhece o que vai em nosso coração, mas nós ainda não sabemos. No deserto, toda autossuficiência se desfaz. As "muletas" emocionais, os mecanismos de defesa, as seguranças aparentes... tudo isso se mostra inútil. É nesse lugar que nossa real condição é revelada.

O tempo no deserto geralmente começa de forma obscura: "Por que estou neste deserto?". Depois se torna incompreendido: "Por que estou passando por isso?".

Ninguém gosta do deserto, porque é um lugar de escassez — de recursos, de respostas, de conforto. E é importante reconhecer que existem dois tipos de desertos:

- *Desertos que nós mesmos criamos, por escolhas erradas, por afastamento de Deus, ou por desobediência;*
- *Desertos para os quais Deus nos envia, como parte do Seu processo formativo em nós.*

Sobre esse segundo tipo, o próprio Senhor diz em Oséias 2.14: "... a levarei para o deserto e lhe falarei ao coração". Esse deserto não é um castigo, mas uma oportunidade sagrada. Nele, há muito a ser ouvido, muito a ser aprendido, e ninguém sai do deserto de Deus do mesmo jeito que entrou. Existem desertos geográficos, físicos, concretos. E existem desertos circunstanciais, aqueles momentos da vida marcados por silêncio, dor ou solidão. E nos desertos aos quais Deus nos conduz, podemos identificar quatro tipos de pessoas...

PESSOAS QUE ENTRAM NO DESERTO

> *"Porém Deus fez o povo rodear pelo caminho do deserto perto do mar Vermelho; e, arregimentados, subiram os filhos de Israel do Egito." (Êxodo 13.18)*

Deus fez com que o Seu povo, recém-liberto da escravidão do Egito, fosse conduzido ao deserto. E a Bíblia mostra que muitas pessoas passaram pelo Deserto de Deus. Moisés e o povo hebreu foram levados por Deus ao deserto. Assim como Jesus foi conduzido pelo Espírito ao deserto (Mateus 4.1). O deserto é o lugar para onde Deus nos leva para nos testar, ensinar, provar, aprovar e amadurecer. Ainda que não gostemos do deserto, Deus nos envia — e não há como fugir do deserto quando essa é a vontade de Deus para nós.

Por outro lado, existem os desertos que nós mesmos criamos, desertos nos quais nos colocamos por nossos erros e vontades. Esses desertos nada têm a ver com Deus. Mas, mesmo assim, Deus nunca nos abandona, nem quando estamos nos desertos que nós mesmos provocamos. Exemplo:

- *Davi, por sua escolha, fugiu para o deserto de Zife (1 Samuel 23.14), onde formou um exército na caverna de Adulão, e Deus foi com ele.*

- *Em Gênesis 13.7ss, Ló escolheu os belos e férteis campos de Sodoma e Gomorra, enquanto Abrão optou pelas regiões desérticas de Manre, em Hebrom. E ali, mesmo no deserto, Deus não o abandonou.*

Deus tem um deserto específico para cada um de nós, não vários. Os muitos desertos em que, por vezes, entramos são fruto das nossas próprias escolhas ou da nossa falta de sensibilidade para ouvir a voz de Deus.

Ainda assim, mesmo nesses desertos que nós mesmos criamos, Deus não nos abandona, nem nos deixa sós.

PESSOAS QUE ESTÃO NO MEIO DO DESERTO

"Disseram a Moisés: Será, por não haver sepulcros no Egito, que nos tiraste de lá, para que morramos neste deserto? Por que nos trataste assim, fazendo-nos sair do Egito? Não é isso o que te dissemos no Egito: deixa-nos, para que sirvamos os egípcios? Pois melhor nos fora servir aos egípcios do que morrermos no deserto." (Êxodo 14.11,12)

Muitos, como o povo hebreu que saiu do Egito, ao se encontrarem no deserto, só sabem reclamar e murmurar (Êxodo 16.12). Não conseguem ver ou encontrar saída e entram em desespero absoluto, achando que esse deserto

NO DESERTO, TODO ORGULHO DESAPARECE, E A NOSSA REAL CONDIÇÃO É REVELADA.

nunca terá fim. Mas o deserto foi feito para ser atravessado. Não podemos parar nem fugir dele.

Ainda assim, muitos tentam sair do seu próprio jeito, procurando atalhos. E os atalhos podem ser:

- *Andar em círculos, como o povo no deserto (Amós 2.10);*
- *Ou buscar soluções que Deus abomina, como o bezerro de ouro (Êxodo 32.7-8).*

Quem está no meio do deserto pode fazer tudo certo ou tudo errado. Tudo dependerá de com quem a pessoa está no deserto e o que a motiva.

A pior coisa que alguém pode fazer no deserto é tentar enfrentá-lo do seu próprio modo e descartar Deus (Isaías 43.19). Por isso, não reclame, não murmure, não lamente pelo deserto — Moisés viu mais de Deus no deserto do que no palácio de Faraó.

PESSOAS QUE MORREM NO DESERTO

> *"Vossos filhos serão pastores neste deserto quarenta anos e levarão sobre si as vossas infidelidades, até que o vosso cadáver se consuma neste deserto." (Números 14.33)*

> *"E contra quem se indignou por quarenta anos? Não foi contra os que pecaram, cujos cadáveres caíram no deserto?" (Hebreus 3.17)*

Entrar no deserto não é nada bom. Estar no meio do deserto é muito ruim. Mas morrer no deserto é pior ainda.

As escolhas que fazemos no deserto podem nos destruir, podem nos falir e até nos matar. Alguns acabam morrendo no deserto porque não ouvem, não creem em Deus, nem em Seu propósito para cada um.

E, para não morrer no deserto, precisamos entender que, mesmo quando não parece, Deus está sempre por perto (Êxodo 13.22). E mais: Deus transforma o deserto em lugar de livramento (Êxodo 14.13-14). Quem, no meio da prova e no meio do deserto, não entender um Deus assim, certamente morrerá na incredulidade e na frustração.

PESSOAS QUE SAEM DO DESERTO

> *"Recordar-te-ás de todo o caminho pelo qual o Senhor, teu Deus, te guiou no deserto estes quarenta anos, para te humilhar, para te provar, para saber o que estava no teu coração, se guardarias ou não os seus mandamentos." (Deuteronômio 8.2)*

No livro de Deuteronômio, fica claro que Moisés conseguiu sair do deserto com parte do povo. No entanto, morreu sem entrar na Terra Prometida (Deuteronômio 34.4ss). E em Deuteronômio 8.2, está declarado qual era o objetivo de Deus com o povo no deserto: humilhar, provar e revelar o que estava no coração deles.

Moisés venceu o Egito, venceu o deserto saindo dele, instituiu o tabernáculo, criou as leis do levirato e cumpriu seu propósito — mas morreu nas campinas de Moabe e não pisou na Terra Prometida.

João Batista saiu do deserto e deixou de ser apenas uma voz que clamava no deserto para confrontar reis, foi parar no palácio de Herodes e morreu decapitado.

Muitos, como Ló, desejam as campinas. Outros, como Adão, querem o paraíso. Mas não querem o deserto. Ló falhou nas campinas de Sodoma. Adão falhou no Éden. Mas, como Moisés e como Jesus, podemos vencer no deserto.

Sair do deserto com as marcas que ele nos deixa, porém vivos e aprovados por Deus.

E também não adianta sair do deserto e se perder depois. Porque a única saída segura do deserto é encontrar e seguir a bússola de Deus — chamada intimidade com Ele.

Nosso maior problema no deserto não é descobrir ou discernir o propósito dele, ou o porquê de estarmos passando por ele, mas sim a quem damos ouvidos enquanto estamos no deserto, com quem nos juntamos durante esse tempo. Porque tomamos a forma de quem nos ministra (1 Coríntios 14.10).

Moisés ouvia a Deus, mas se perdia quando ouvia o povo. E por isso não pôde entrar na Terra Prometida, porque Moisés queria agradar a Deus e ao povo ao mesmo tempo (Gálatas 1.10).

Jesus, em seu deserto, não deu ouvidos a Satanás. Pelo contrário, se apegou ao que Deus havia dito nas Escrituras. Hoje, muitas pessoas buscam conselhos, mas não querem ser orientadas por Deus, querem apenas uma opinião que se encaixe com as suas, para legitimar seu erro e seu deserto.

Nada mudará no seu deserto enquanto você não mudar. Quem toma a forma do deserto, morrerá no deserto.

Deus está com você, meu irmão/minha irmã. Talvez você não entenda o que está acontecendo em sua vida, nem compreenda o deserto que está atravessando — mas saiba que Deus está em você, Ele não te abandonou e nem te abandonará. Deixe Ele ser a sua nuvem, sua coluna de fogo. Deixe Ele te ensinar — em Cristo.

Cristo é o caminho para sair do deserto. Ele é a porta para a Terra Prometida. E enquanto você estiver no deserto, aprenda a ser humilde e manso, e você encontrará descanso para a sua alma.

ANOTAÇÕES DO MEU PROCESSO

REFLEXÃO PESSOAL

1. Qual aprendizado o deserto tem me oferecido?

2. Tenho resistido ou me rendido ao processo?

3. O que preciso deixar no deserto para prosseguir?

> "DESERTOS REVELAM, REFINAM E REDIRECIONAM O NOSSO CORAÇÃO."

CAPÍTULO 8

PROCESSO DO DISCIPULADO

"E o que de minha parte ouviste através de muitas testemunhas, isso mesmo transmite a homens fiéis e também idôneos para instruir a outros" (2 Timóteo 2.2 - ARA)

Você já ouviu a frase: "Nunca ouça críticas construtivas de quem nunca construiu nada"? Em outras palavras: nunca aceite conselhos de quem nunca chegou a lugar nenhum. Porque ninguém chega ao topo sozinho. Já parou para pensar que ninguém vence sozinho, e também ninguém perde sozinho?

Tudo aquilo que parece impossível para você hoje, pode ter certeza: alguém já executou ou já alcançou. E essa pessoa pode ser usada por Deus para te orientar, te inspirar e te mostrar a direção certa.

Na caminhada cristã, o processo do discipulado é essencial, pois nem mesmo Jesus Cristo andou sozinho nesta terra. Jesus andou com Deus, andou no Espírito, mas também andou em discipulado. Embora termos momentos de solitude seja saudável, andar sozinho no cristianismo não é bom.

- *Somos rebanho, não lobos solitários;*
- *Somos uma nação santa, não ilhas isoladas e paradisíacas.*

A Bíblia afirma que não há sabedoria na solidão e no isolamento: "O solitário busca o seu próprio interesse e insurge-se contra a verdadeira sabedoria" (Provérbios 18.1). E em Eclesiastes 4.9-10, está escrito:

> *"Melhor é serem dois do que um, porque têm melhor paga do seu trabalho. Porque, se caírem, um levanta o companheiro; ai, porém, do que estiver só; pois, caindo, não haverá quem o levante."*

Um discipulador deve ser alguém que já chegou onde o discípulo precisa chegar. Alguém que possui experiência, sabedoria e conexões para tornar a caminhada mais eficaz e segura. A vida cristã é grande demais para ser vivida sozinho. Por isso, o Pai é nosso, e não meu; o pão é nosso, e não seu; e por isso pedimos: "Venha a nós o Teu Reino" — não apenas a mim!

As coisas eternas alcançam o indivíduo por meio do coletivo. Por isso, na Bíblia, o "nós" não é apenas plural de primeira pessoa — é a primeira pessoa em plural. O "nós" e o "nosso" são absolutos. O "eu" é relativo.

O contexto do texto-base deste capítulo é que Paulo está prestes a morrer ou ser martirizado, em um período de graves ameaças à fé cristã da época. Embora Paulo esteja velho, abandonado por alguns, cansado e com o corpo cheio de cicatrizes da vida e das perseguições, não se preocupa consigo mesmo, pois entende que o Evangelho é maior que os obreiros, porque os mensageiros do Evangelho passam, mas o Evangelho permanece para sempre.

O destinatário continua sendo o jovem pastor Timóteo, que estava à frente da igreja de Éfeso, capital da Ásia Menor. Trata-se de uma carta emocionante e cheia de recomendações para que o jovem pastor permaneça firme em seu chamado e naquele que o chamou. E, no versículo que lemos, fica clara a orientação de Paulo a Timóteo para que ele não preserve apenas a verdade e a fidelidade do Evangelho, mas também o transmita com verdade e fidelidade.

Uma das melhores maneiras de preservar o Evangelho é transmiti-lo com verdade e fidelidade. A verdade do Evangelho não pode ser diluída ou poluída. Fica clara no versículo também a importância de o Evangelho alcançar os diferentes discípulos, nas diferentes gerações: de Cristo a Paulo (Gálatas 1.11-12); de Paulo a Timóteo; de Timóteo a homens fiéis; e de homens fiéis a outros. Quatro gerações sendo alcançadas pelo poder e pela verdade do Evangelho. O nome disso não é apenas evangelismo, mas, acima de tudo, discipulado.

Para que isso aconteça em nossa vida, no nosso tempo e em nossa geração, três elementos são necessários (e abordaremos logo abaixo).

DISCIPULADO É VIDA NA VIDA

"O ladrão não vem senão para roubar, matar e destruir; eu vim para que tenham vida e a tenham em abundância" (Jo 10.10).

Hoje em dia, está na moda usar a palavra "mentor" ou "mentoria", embora semanticamente mentor e discipulador sejam sinônimos, pois ambos têm a tarefa de transmitir conhecimento, sabedoria e experiências a outro. Mentorear significa colocar a minha mente na sua. Ser mentoreado é assumir qualidades e expertises de seu mentor. Um mentor transmite, então, sua expertise e sua mente para determinadas áreas da vida.

Um discipulador, diferente disso, transmite mais do que informação: transmite vida e unção, vida de Cristo e unção do Espírito, por meio daquilo que viveu e experimentou de Cristo e do Espírito. Enquanto um mentor fala à mente, um discipulador, além da mente, fala ao coração e ao espírito.

Jesus não nos deu Sua vida somente na Sua morte e ressurreição; Ele nos deu Sua vida também ao derramá-la em Seus discípulos. Vida essa que era oferecida não só após Sua morte, mas também durante Seus ensinos: "O Espírito dá vida; a carne não produz nada que se aproveite. As palavras que eu disse são espírito e vida" (João 6.63). Jesus emanava vida em tudo o que fazia. Jesus não era apenas um mentor, mas o maior discipulador de vida, sendo Ele o Pão da Vida, alimentando os discípulos com Sua própria vida. Jesus não só ensinava vida, como transmitia Sua vida — a vida de Jesus era a doutrina e a essência.

Isso é tão forte que o apóstolo João replicou isso em 1 João 3.16: "Nisto conhecemos o amor: que Cristo deu a sua vida por nós; e devemos dar nossa vida pelos irmãos". O que temos a oferecer com a nossa vida é a vida de Jesus.

Por isso, o discipulado deve fortalecer a mente, inspirar o coração e capacitar as mãos, porque é com a vida que ministramos e com a vida que lidamos, para que a vida seja mais parecida com a vida de Jesus. Quanto mais parecidos com Jesus, mais abundantes seremos.

DIGA COM QUEM ANDAS E EU TE DIREI QUEM TU ÉS

> *"Algum tempo mais tarde, os que estavam ao redor aproximaram-se de Pedro e o acusaram: "Com toda a certeza és igualmente um deles, porquanto o teu modo de falar o denuncia". (Mt 26.73)*

Pedro, no momento em que nega a Jesus, é identificado como um discípulo d'Ele, pois seu jeito e a forma com que falava se pareciam com os de Jesus. É nítido que, quando passamos muito tempo com alguém que admiramos, replicamos suas características, seus trejeitos e até sua forma de falar, porque é gerada em nós uma identificação — ou, como se diz na psicanálise, um espelhamento.

Por esse motivo, no discipulado, não procure pessoas perfeitas. Encontre pessoas confiáveis, pessoas que irão te aproximar mais de Jesus Cristo, pessoas que se parecem com Jesus Cristo, para que você se torne mais parecido com Ele.

O discipulado nos ajuda a permanecer em Jesus, ajuda a ser mais parecido com Jesus e a andar como Jesus andou.

> *"Aquele que diz que permanece nele, esse deve também andar assim como ele andou." (1 João 2.6)*

DIGA COM QUEM ANDAS E EU TE DIREI ONDE CHEGARÁ

> *"Não que eu o tenha já recebido ou tenha já obtido a perfeição; mas prossigo para conquistar aquilo para o que também fui conquistado por Cristo Jesus. Irmãos, quanto a mim, não julgo havê-lo alcançado; mas uma coisa faço: esquecendo-me das coisas que para trás ficam e avançando para as que diante de mim estão, prossigo para o alvo, para o prêmio da soberana vocação de Deus em Cristo Jesus". (Filipenses 3.12-14)*

Mesmo o apóstolo Paulo não tendo caminhado diretamente com Jesus, e mesmo tendo sido instruído por Gamaliel, doutor em Jerusalém e profundo conhecedor da cultura grega, foi inicialmente discipulado por Ananias e, na sequência, discipulado por mais tempo por Barnabé.

Se Paulo foi o apóstolo que foi — e graças a ele grande parte do Novo Testamento foi escrita —, foi porque teve quem lhe apontasse Jesus Cristo. Podemos não ter mais o apóstolo Paulo para nos discipular, mas temos o mesmo Cristo que ele teve. Assim como Paulo, podemos não ter mais o Jesus de carne e osso para nos discipular, mas temos o mesmo Espírito que habitou em Jesus (Romanos 8.11), para nos fazer alcançar o prêmio da soberana vocação de Cristo Jesus.

Por isso, quem anda com Deus, por Deus será tomado — Enoque nos mostrou isso (cf. Gálatas 5.24). Quem segue a Jesus nunca estará perdido.

É por isso que o céu não pode ser nosso objetivo, mas nosso destino. Nosso objetivo deve ser frutificar: trinta por um, sessenta por um e até cem por um. Porque não conseguimos frutificar no céu, nem no inferno. O céu será o destino dos frutíferos, e o inferno, o destino dos infrutíferos.

Pelos frutos, Jesus nos conhecerá.

O pastor presbiteriano Hernandes Dias Lopes afirmou que: "Fazer discípulos é uma ordem de Cristo, missão da Igreja, e uma necessidade do mundo". E também, como dizia John Wesley: "a igreja não transforma o mundo fazendo convertidos. Ela transforma o mundo fazendo discípulos". Você tem uma vida solitária na fé? Existe alguém que seja próximo e modelo para você em alguma área? E o quanto você está disposto(a) a investir no processo do discipulado?

Nunca se esqueça que, no processo do discipulado, ser discípulo significa que você é aprendiz; o discipulador aponta o caminho, mas não é o caminho. Pessoas discipuladas, com certeza, são mais seguras. Um(a) discípulo(a) sempre sabe para quem ligar no dia mau.

Toda pessoa de sucesso foi discipulada por alguém. Pois não podemos esquecer a máxima do sucesso ministerial de Jesus: fazer sucessores.

Em nossos dias, não devemos procurar discipuladores perfeitos, mas verdadeiros e confiáveis, que falem mais de Jesus Cristo do que de seus próprios feitos, cuja vida aponte para Jesus mais do que para suas conquistas pessoais.

Não procure bajuladores, pois bajuladores te fazem se sentir melhor; procure discipuladores, pois eles te farão ser melhor, mais parecido com Jesus.

Então seja um(a) discípulo(a), viva esse processo e colha os frutos dessa comunhão.

ANOTAÇÕES DO MEU PROCESSO

REFLEXÃO PESSOAL

1. Quem tem me discipulado e a quem estou formando?

2. Tenho me permitido ser moldado por alguém?

3. O quanto minha vida reflete o ensino de Jesus?

> **DISCIPULADO É CAMINHAR COM CRISTO E SER TRANSFORMADO POR ELE.**

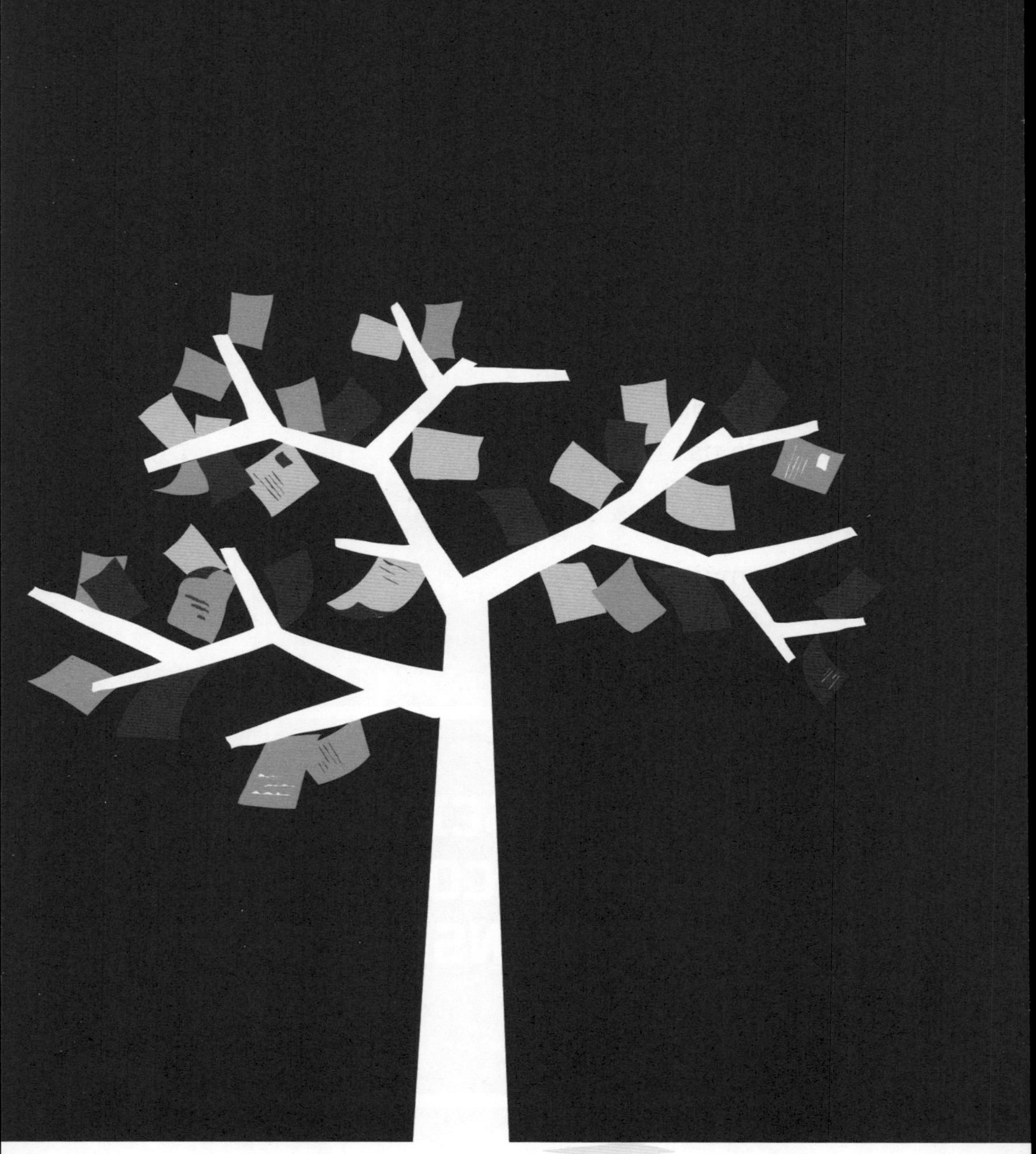

CAPÍTULO 9

PROCESSO DA FÉ

"Ora, a fé é a certeza de coisas que se esperam, a convicção de fatos que se não veem."
(Hebreus 11.1 - ARA)

Recentemente, li em uma postagem de um autor desconhecido nas redes sociais algo que me chamou muito a atenção: "A fé em Deus nos faz crer no incrível, ver o invisível e realizar o impossível!". De fato, a fé pode fazer tudo isso, e muito mais. A fé não é um atributo opcional para a vida cristã, e sim essencial.

Vemos, então, o quanto a verdadeira fé é importante para a vida cristã. Por ela vencemos o mundo (1 João 5.4-5); apagamos os dardos inflamados do maligno (Efésios 6.16); resistimos ao Diabo (1 Pedro 5.9); apropriamos-nos das promessas de Deus (Romanos 4.20); somos feitos mais que vencedores (Romanos 8.33-37); além disso, recebemos o perdão de Deus, a salvação, o Espírito Santo, e nascemos de novo (Efésios 1.13).

Mas a pergunta é: Será que temos fé? Será que compreendemos os processos da fé?

A Bíblia define a fé como sendo "a certeza das coisas que se esperam, a convicção de fatos que não se veem"

(Hebreus 11.1). Mas, para que essa definição fique clara, é preciso entender o que não é fé cristã, e como obter a verdadeira fé cristã.

O QUE NÃO É FÉ CRISTÃ?

Para esclarecer esse ponto, nos reportamos ao sermão de John Wesley, iniciador do movimento metodista: "A Salvação pela Fé". Neste sermão, Wesley diferencia a fé cristã da:

1. *Fé do pagão – Esta fé é classificada como mero assentimento intelectual a fatos inegáveis. Crer que existe um Deus (um ser superior) que abençoa os que O buscam — vários pagãos creem nisso (romeiros, idólatras etc.), mas não são salvos. Crer que existe um Criador — muitos também creem, pois é um fato revelado pela criação —, mas não para serem salvos.*

2. *Fé do demônio – A Bíblia diz que os demônios creem que há um só Deus — sabem quem manda — e tremem (Tiago 2.19); creem que Jesus é o Cristo, o Filho de Deus (Lucas 4.41); sabem quem são os servos de Deus que falam a verdade (Atos 16.16-17); mas não se submetem a essas verdades e não são salvos. Essa fé que apenas reconhece e aceita as verdades cristãs, mas não leva à rendição, obediência, ação e transformação, é comparada à fé dos demônios. Não é fé cristã genuína.*

3. *Fé circunstancial* – *Wesley a compara com a fé dos apóstolos enquanto Jesus ainda estava sobre a terra. Em determinadas circunstâncias, criam (Lucas 10.17); em outras, não (Lucas 17.5-6; Mateus 17.19-20). Essa fé inconstante, que depende das circunstâncias, sentimentos e sentidos, não é fé cristã.*

O QUE É A FÉ CRISTÃ?

O que é essa certeza, essa convicção de que fala Hebreus 11.1? Além do assentimento ao Evangelho de Cristo e da concordância com os fatos e verdades bíblicas, a fé cristã é confiança plena (total) e incontestável em Cristo, em Deus e em Sua Palavra.

Uma confiança que nos leva à submissão e obediência, à inconformidade com a velha vida e à transformação pela renovação da mente (Romanos 12.2). Ela também nos leva a crer de todo o coração, a crer apesar das circunstâncias, sentimentos e sentidos.

Ao ser humano, pode parecer uma fé simplista, alienada ou ignorante, mas não é! Pois ela brota de Deus e de Sua Palavra. A verdade imutável é o fundamento de todas as coisas. É o que veremos a seguir.

A fé bíblica também procede de um novo coração, e não apenas da mente. Não basta uma mera concordância mental, é preciso aplicar o coração para crer na Palavra de Deus (Hebreus 11.6). A fé que procede do coração tem o poder de remover montanhas (Marcos 11.23). A Bíblia nos mostra como Deus age para nos dar fé em Seus processos.

FÉ PARA SALVAÇÃO

> *"Porque pela graça sois salvos, mediante a fé; e isto não vem de vós; é dom de Deus; não de obras, para que ninguém se glorie. (Efésios 2.8-9)*

João Calvino certa feita disse: "Deus não envia ninguém ao inferno; todos já nascem destinados a ele. O que Deus faz é apenas tirar alguns de lá". Então, a salvação é o processo de retirada da pessoa do inferno em que já está, e o processo de retorno para a eternidade de onde ela veio.

Todos são perdoados, mas nem todos são salvos. O que proporciona a salvação é a graça, mas o que nos dá acesso a essa graça é a fé. Cada pessoa recebeu fé para ser salva, sem ela, você não poderia ter sido salvo quando recebeu Jesus. Com isso, não quero afirmar que é a fé que salva, porque muitas pessoas têm fé em coisas erradas, e essa fé pode conduzi-las diretamente ao erro, ou até ao inferno.

A fé nos dada por Deus age juntamente com a graça de Deus, graça essa pela qual somos salvos. Somos salvos pela graça, única e exclusivamente pela graça, mediante a fé colocada no lugar certo e da forma certa, nesta graça salvífica.

FÉ EM MEDIDA, OU MEDIDA DE FÉ

> *"Porque, pela graça que me foi dada, digo a cada um dentre vós que não pense de si mesmo além do que convém; antes, pense com moderação, segundo a medida da fé que Deus repartiu a cada um." (Romanos 12.3)*

Medida de fé para a vida cristã – depois da conversão, você recebe uma nova medida de fé, que o capacita a viver a vida que Deus planejou. Em Romanos 12.3, vemos que há uma medida de fé que Deus repartiu a cada um.

Pode essa medida ser acrescida? De certa forma, sim. A fé como princípio é inalterável. Não pode ser acrescentada em essência. Não existe mais ou menos certeza. Certeza é certeza! O mesmo acontece com a convicção — certeza é, por definição, conhecimento exato.

Mas, em Lucas 17.5, os apóstolos pedem a Jesus que aumente a fé deles. E, em Mateus 17.20, Jesus fala da pequenez da fé dos apóstolos — e, se é pequena, pode ser aumentada.

Como é possível isso? Em Romanos 10.17, a Bíblia afirma que "a fé vem pelo ouvir, e o ouvir, pela Palavra de Cristo". Dessa forma, à medida que nosso conhecimento de Cristo e de Sua Palavra é ampliado, e ao darmos crédito a esse conhecimento, nossa fé também é aumentada (acrescida).

O DOM DA FÉ

> *"Porque a um é dada, mediante o Espírito, a palavra da sabedoria; e a outro, segundo o mesmo Espírito, a palavra do conhecimento; a outro, no mesmo Espírito, a fé; e a outro, no mesmo Espírito, dons de curar;"*
> *(1 Coríntios 12.8-9)*

Esse dom não é concedido a todos os cristãos, pois se trata de um dom espiritual (1 Coríntios 12.8-9). É por meio deste dom que grandes sinais acontecem. Trata-se de um presente do Espírito Santo para que o nome de Deus seja glorificado (do grego: *Pístis*).

Alguns classificam este dom como pertencente à categoria dos dons vocálicos, pois nossa fé não pode ser apenas mentalizada, precisa ser verbalizada (Mateus 8.5-13; 2 Coríntios 4.13). E é pela verbalização da Palavra de Cristo que essa fé também é acrescentada (Romanos 10.17). Essa fé é a capacitação para visualizar o que Deus vai fazer sem duvidar do Seu poder. Quem possui este dom é um visionário — alguém que está à frente de seu tempo.

Este tipo de fé é diferente da fé em Jesus Cristo como Salvador ou da fé em Deus como Senhor (sustentador). É diferente da fé que todo crente precisa ter. Por isso, não é para todos. Deus dá uma medida de fé para cada um (Romanos 12.3).

Para explicar melhor, podemos identificar três usos distintos para esta fé:

- *Fé para pregar a salvação – É a resposta humana ao oferecimento divino da graça (Atos 16.31).*

- *Fé para exercer liderança – É um dom de Deus que capacita o cristão a ter uma visão que o habilita e o diferencia como líder, conduzindo a comunidade a novos tempos e novas oportunidades.*

- *Fé para o exercício de ações sobrenaturais pelo poder do Espírito Santo – É a fé do grão de mostarda (Mateus 17.20), capaz de realizar coisas grandiosas. Ou seja, os dons manifestacionais são concedidos a pessoas que possuem este tipo de fé: fé para o exercício do poder, concedido por Deus para a edificação da comunidade.*

ESPÍRITO DA FÉ

> *"Tendo, porém, o mesmo espírito da fé, como está escrito: Eu cri; por isso, é que falei. Também nós cremos; por isso, também falamos." (2 Coríntios 4.13)*

Assim como Deus Pai é Espírito, e tudo o que vem dEle é espiritual, a fé é um espírito! Ela não é uma fórmula mágica, um amuleto ou uma ferramenta. A fé é espiritual. Como a fé é um espírito, temos o mesmo espírito de fé de Abraão (Tiago 2.21; Romanos 4.16). Por ser espiritual, a fé é altamente contagiosa e totalmente permeável à nossa matéria. Quando a Bíblia diz que a fé é um espírito, não quer dizer que existem diversos espíritos dentro de nós, mas que o Espírito Santo que habita em nós também gerará fé em nós, a mesma fé e o mesmo espírito que foi gerado nos heróis da fé, e no próprio Cristo.

Finalizando este capítulo, a fé não é pensamento positivo, nem movimento de PNL (Programação Neurolinguística): "eu posso, eu quero e eu consigo". Ao contrário do que afirma a Nova Era, nós cristãos não ensinamos a ter fé por fé. A Nova Era não dá um destino à fé que propaga — o que importa, para eles, é simplesmente tê-la. Nesse sentido, não importa se sua fé está em um objeto ou em um desejo, contanto que você a tenha. Mas essa não é a fé bíblica!

A fé também não é apenas crer, porque fé é certeza e convicção, enquanto crer está ligado apenas à expectativa. Quando cremos com uma fé genuína, temos certeza e convicções. Mas, quando apenas cremos esperando o que

Deus pode fazer, o que temos, na verdade, é uma crendice. A crença revela o que Deus pode fazer por mim; a fé revela o que Deus já fez por mim.

Somos chamados de crentes. Somos o povo que crê — e crê da maneira correta. A Bíblia nos ensina a ter fé na Obra de Cristo. Quem canaliza sua fé no que Jesus já fez, experimentará o verdadeiro favor de Deus.

Como afirma o pastor Paulo Borges Jr.: "A fé não é para que eu tenha uma vida mais fácil; a fé é para que eu me torne uma pessoa constante e madura, apesar de uma vida difícil".

Por isso, encerro este capítulo afirmando: fé não tem a ver com o que podemos realizar; fé é acreditar e descansar no que Deus já disse. Há pessoas que exercem fé para jogar na loteria, mas não têm a mesma fé para acreditar no que Deus já disse e no que já está escrito.

ANOTAÇÕES DO MEU PROCESSO

REFLEXÃO PESSOAL

1. Em que área preciso exercitar mais fé hoje?

2. Minha fé está firme na Palavra ou nas circunstâncias?

3. Como posso crescer em fé na prática?

> **FÉ É CRER MESMO SEM ENTENDER, VER OU SENTIR.**

CAPÍTULO 10

PROCESSO DO SACERDÓCIO

"O sumo sacerdote entre seus irmãos, sobre cuja cabeça foi derramado o óleo da unção, e que for consagrado para vestir as vestes sagradas, não desgrenhará os cabelos, nem rasgará as suas vestes. Não se chegará a cadáver algum, nem se contaminará por causa de seu pai ou de sua mãe. Não sairá do santuário, nem profanará o santuário do seu Deus, pois a consagração do óleo da unção do seu Deus está sobre ele. Eu sou o Senhor. Ele tomará por mulher uma virgem. Viúva, ou repudiada, ou desonrada, ou prostituta, estas não tomará, mas virgem do seu povo tomará por mulher. E não profanará a sua descendência entre o seu povo, porque eu sou o Senhor, que o santifico. Disse mais o Senhor a Moisés: Fala a Arão, dizendo: Ninguém dos teus descendentes, nas suas gerações, em quem houver algum defeito se chegará para oferecer o pão do seu Deus. Pois nenhum homem em quem houver defeito se chegará: como homem cego, ou coxo, ou de rosto mutilado, ou desproporcionado, ou homem que tiver o pé quebrado ou mão quebrada, ou corcovado, ou anão, ou que tiver belida

no olho, ou sarna, ou impigens, ou que tiver testículo quebrado. Nenhum homem da descendência de Arão, o sacerdote, em quem houver algum defeito se chegará para oferecer as ofertas queimadas do Senhor; ele tem defeito; não se chegará para oferecer o pão do seu Deus. Comerá o pão do seu Deus, tanto do santíssimo como do santo. Porém até ao véu não entrará, nem se chegará ao altar, porque tem defeito, para que não profane os meus santuários, porque eu sou o Senhor, que os santifico. Assim falou Moisés a Arão, aos filhos deste e a todos os filhos de Israel." (Levítico 21.10-24 - ARA)

Durante muitos anos, a Igreja se equivocou com o tema do sacerdócio. Criou-se uma distância no entendimento correto sobre o sacerdócio, que se perdeu ao longo dos anos com os termos clero e leigo. Estabeleceu-se, então, uma diferença — e também uma indiferença — em relação a esse assunto.

Acabamos de ler um dos textos que revelam o processo do sacerdócio da linhagem de Arão — o sacerdócio levítico. Antes, Deus falava diretamente com quem Ele queria, não havia necessidade de um sacerdote — o Éden é um exemplo claro disso. Mas, depois do pecado, a humanidade se distanciou de Deus (Isaías 59), e, a partir de então, Deus passou a se revelar e a se manifestar através de Reis, Profetas e Sacerdotes. No caso do sacerdote, ele tinha funções claras: sacrificar, consagrar, ensinar e interceder pelo povo diante de Deus, uma espécie de interlocutor, intermediário e tradutor da vontade e da presença de Deus.

O livro de Levítico recebeu o nome hebraico "Vayikra", que significa "Ele chamou". O nome "Levítico" é derivado da versão/tradução grega e significa: "assuntos pertencentes aos levitas". Mas esse nome pode ser considerado um tanto enganoso e até preconceituoso, pois o livro não trata somente do levirato, mas também de assuntos relacionados à santidade, pureza, sacerdócio, a santidade de Deus e a santidade no cotidiano. A palavra "santo" aparece no livro mais de 80 vezes.

Levítico é atribuído a Moisés, com data aproximada de 1445 a.C. No trecho que lemos, fica clara a orientação para se tornar um sacerdote, com um padrão altíssimo de escolha e separação — um padrão quase impossível de ser seguido nos dias de hoje, especialmente em nossa atual cultura.

Até porque, provavelmente, nunca nos enquadraríamos nesse padrão: primeiro, por não sermos judeus; segundo, por não pertencermos à tribo de Levi; e terceiro, talvez por não atendermos aos critérios exigidos na lista apresentada. Na Antiga Aliança, para servir a um Deus perfeito, era necessário um padrão elevado de perfeição e separação. Ou seja, isso era inalcançável para muitos, e apenas uns poucos, seletos, eram escolhidos.

O sacerdócio levítico teve sua importância, porém, mesmo com tantos padrões de beleza e perfeição, não era perfeito! O livro de Hebreus 7.11 declara: "Portanto, se a perfeição fosse possível por meio do sacerdócio levítico — pois foi com base nele que o povo recebeu a lei —, que necessidade haveria ainda de que se levantasse outro sacerdote, segundo a ordem de Melquisedeque, e não segundo a ordem de Arão?".

Foi então estabelecida uma nova ordem, uma outra linhagem sacerdotal, uma ordem perfeita e um sumo sacerdote perfeito e eterno (Hebreu 7.20-24): Jesus Cristo, que não apenas cobriu pecados, mas nos purificou de todo pecado e de toda injustiça, perdoando-nos completamente.

Um sacerdote perfeito, um sacrifício perfeito, um perdão perfeito.

E mais do que isso: ao se tornar sumo sacerdote, Ele nos deu acesso total ao Pai, nos tornando sacerdotes para Deus, mesmo sendo imperfeitos, falhos e cheios de defeitos. Ele está nos aperfeiçoando, nos edificando e nos capacitando para a Sua glória. Precisamos transicionar nossa mente e nossa crença quanto ao sacerdócio, e, para isso, quero apresentar três evidências bíblicas que nos trarão convicção do nosso sacerdócio.

SOMOS TODOS SACERDÓCIO REAL

> *"Vós, porém, sois raça eleita, sacerdócio real, nação santa, povo de propriedade exclusiva de Deus, a fim de proclamardes as virtudes daquele que vos chamou das trevas para a sua maravilhosa luz."* (1 Pedro 2.9)

Segundo a ordem de Melquisedeque (Hebreus 7.12), não mais segundo a ordem de Arão ou a ordem levítica. Em Jesus Cristo, somos todos sacerdotes segundo a ordem de Melquisedeque, pois nosso Supremo Sacerdote, Jesus Cristo, nos tornou um com Ele.

Então, aquilo que Ele é, nós também somos (1 João 4.17)!
Ele se tornou pecado para nos tornar santos;
Ele se fez morte para nos dar vida;
Ele se fez maldito para nos tornar abençoados;
mas não só isso — Ele se fez humano para nos tornar filhos de Deus.

Tudo o que Jesus é, nós também somos, e, se Ele é o Supremo Sacerdote segundo a ordem de Melquisedeque, quando estamos em Cristo, também estamos em Seu sacerdócio. Se Ele é sacerdote, quem está em Cristo também é:

- *Sacerdócio Real: "Nos constituiu reis e sacerdotes" (Apocalipse 1.6; 5.10), porque Melquisedeque era Rei e Sacerdote;*
- *Sacerdócio Santo: "Também vocês, como pedras que vivem, são edificados casa espiritual para serem sacerdócio santo, a fim de oferecerem sacrifícios espirituais agradáveis a Deus por meio de Jesus Cristo" (1 Pedro 2.5).*

Uma das maiores contribuições da Reforma de Martinho Lutero para o cristianismo, sem dúvida, foi o resgate da doutrina do "sacerdócio de todos os cristãos", que pode ser expressa com o seguinte pensamento: "Todo cristão é sacerdote de alguém, e todos somos sacerdotes uns dos outros".

SOMOS TODOS MINISTROS E TESTEMUNHAS

"Mas levanta-te e firma-te sobre teus pés, porque por isto te apareci, para te constituir

> *ministro e testemunha, tanto das coisas em que me viste como daquelas pelas quais te aparecerei ainda, livrando-te do povo e dos gentios, para os quais eu te envio, para lhes abrires os olhos e os converteres das trevas para a luz e da potestade de Satanás para Deus, a fim de que recebam eles remissão de pecados e herança entre os que são santificados pela fé em mim" (At 26.16-18).*

O que devemos entender é que, como sacerdotes e sacerdotisas de Deus, o nosso Pai nos chama, para além de sermos apenas membros que esquentam ou lustram os bancos da igreja local. Precisamos compreender que cada membro da igreja é um ministro e uma testemunha no seu sacerdócio.

Ao vivermos essa realidade, ajudaremos as pessoas a abrirem seus olhos, a se converterem das trevas de Satanás para a luz de Deus, a fim de que recebam a remissão dos pecados e a santificação pela fé. Nosso ofício sacerdotal, hoje, é o de testemunhar e ministrar Jesus Cristo às pessoas.

O próprio apóstolo Paulo orientou Timóteo sobre o serviço sacerdotal na nova aliança, destacando seu papel como ministro e testemunha em três áreas (1 Timóteo 3):

- *Dentro de sua própria casa – "Governe bem a sua casa" (v. 4);*
- *No cuidado da igreja – "Cuide da Igreja" (v. 5);*
- *No testemunho com os de fora – "Tenha bom testemunho dos que são de fora" (v. 7).*

SOMOS UMA IGREJA COMPOSTA DE PASTORES/AS

"Eu sou o bom pastor. O bom pastor dá a vida pelas ovelhas." (João 10.10).

Jesus é o Bom Pastor. Ele é o Supremo Pastor, o Pastor dos pastores. Quando Ele se declara Pastor, não está se referindo a um cargo, emprego ou trabalho, mas sim a um propósito, uma visão e uma missão. Eu acredito que uma igreja capaz de transformar o mundo não é uma igreja com bons membros. Uma igreja que transforma o mundo é uma igreja de pastores.

Uma igreja de pastores não é uma igreja em que todos os seus membros tenham formação teológica, sejam nomeados ou contratados para pastorear uma igreja. Uma igreja de pastores/as é aquela em que todos se responsabilizam pela visão, missão e propósito dado por Jesus: "ir e fazer discípulos". É uma igreja desejosa de servir como Jesus serviu e amar como Ele amou.

A esse tipo de igreja podemos chamar de igreja sacerdotal, onde cada membro exerce o cuidado e o pastoreio uns dos outros. Uma igreja de pastores:

- *Pastores de ofício, aqueles que são nomeados para estarem à frente da igreja e ensinarem sobre o sacerdócio de todos;*
- *E pastores de coração, que não exercem o pastoreio por cargo, nomeação ou posição, mas por um propósito.*

Uma igreja sacerdotal entende sua responsabilidade frente ao mundo. Entende que é um corpo, um organismo vivo, uma agência de transformação da cidade. Seus membros não são pessoas comuns — são espirituais. Não são apenas nominais, são chamados para um propósito maior: ser conhecido por Deus, conhecê-Lô, e fazê-Lo conhecido.

A Igreja de Jesus Cristo tem por vocação ser uma comunidade pastoral, pois vai em busca das multidões que andam "desgarradas e errantes como ovelhas que não têm pastor".

Concluindo, Jesus Cristo não é especificamente mencionado no livro de Levítico. Entretanto, o sistema de sacrifícios, a santidade e o sumo sacerdote, presentes em Levítico, são figuras, tipos ou sombras que retratam a Obra de Cristo. O livro de Hebreus descreve Cristo como o Sumo Sacerdote e utiliza o texto de Levítico como base para apontar essa verdade.

O fato de Jesus não ter nascido na tribo de Levi, mas sim na tribo de Judá, enfatiza e inaugura uma nova ordem sacerdotal. Assim como nós, povo brasileiro ou, na linguagem bíblica, povo gentio, confins da terra, podemos, pela fé no Sumo Sacerdote, usufruir de tudo o que Jesus Cristo conquistou naquela cruz! Cada um de nós, além de servos, filhos e amigos de Deus, podemos estar diante de Deus também como sacerdotes/sacerdotisas e estar diante das pessoas como ministros e testemunhas da parte de Deus.

ANOTAÇÕES DO MEU PROCESSO

REFLEXÃO PESSOAL

1. Como tenho exercido meu sacerdócio no meu dia a dia?

2. O que significa ser um sacerdote no contexto atual?

3. De que maneira posso representar Cristo em meus relacionamentos?

> **CADA CRISTÃO É UM SACERDOTE CHAMADO A REFLETIR CRISTO.**

CAPÍTULO 11

PROCESSO DA PERFEIÇÃO (PARTE 1)

> *"Portanto, sede vós perfeitos como perfeito é o vosso Pai celeste."* (Mateus 5.48)

Algum tempo atrás, uma estilista e empreendedora famosa chamada Diane von Furstenberg disse uma frase interessante à revista Forbes, que me chamou muito a atenção: "É muito importante sabermos quem somos e transformar nossas imperfeições em nossos ativos, nossas vulnerabilidades em nossa força".

Essa afirmação me chamou a atenção por tratar justamente da ideia de transformar imperfeições em ativos e vulnerabilidades em força. Porque, antropologicamente, de fato, somos todos imperfeitos e totalmente vulneráveis. Mas, biblicamente, será que essa também é uma realidade? Será que Jesus pediria algo impossível e inalcançável a nós, seus discípulos?

Em nossa cultura atual, para muitos, a perfeição é algo impossível e inalcançável. Até porque, no mundo, a perfeição não é um padrão exato — o que é perfeito para uns pode não ser perfeito para outros. Muito se fala sobre o perfeccionismo. Alguns afirmam que ser perfeccionista é uma qualidade; outros dizem que é um defeito. Há quem veja como uma máscara; outros, como uma meta. Alguns confundem perfeccionismo com exibicionismo; outros dizem que é autodestrutivo, porque é impossível ser perfeito.

Existem também aqueles/as que preferem a excelência à perfeição. Alegam que o perfeccionista não pode errar em nada, e que um pequeno erro se torna um grande erro. Enquanto a excelência tem a capacidade de transformar erros em acertos, e defeitos em qualidades.

Após o Sermão do Monte, ou Sermão das bem-aventuranças, Jesus ensina aos seus discípulos:

- *Uma ordem direta: "Amar e orar pelos inimigos" (vv.43-44);*

- *Uma condição: "Só assim nos tornaremos filhos" (v.45);*

- *Uma recompensa: "Nosso amor e nossas obras precisam ir além do comum e do costume" (vv. 46-47);*

- *E, por último, um desafio (v. 48): algo que parece difícil e até contraditório para os dias de hoje — "Sejam perfeitos como é perfeito o Pai celestial de vocês!"*

Mas como um ser humano pode ser perfeito como Deus é? Aos nossos olhos, isso é impossível! Porque não somos deuses, e fomos ensinados que não somos perfeitos, e que essa é a nossa única opção. No entanto, Jesus se referia a Deus como Pai Celestial, perfeito, e o apresentava como modelo a ser imitado. Um Pai que ama e abençoa até aqueles que não O reconhecem como Deus. Devemos imitá-Lo, fazendo o mesmo.

Interessante notar que nenhuma teologia, quer seja calvinista ou reformada, acredita na perfeição cristã em vida, não creem que haja aperfeiçoamento nesta vida. Para essas tradições, não existe "quase perfeito" ou "perfeição parcial", pois ou se é perfeito, ou não é. Nós, metodistas, somos os únicos que acreditamos na perfeição cristã em vida. Na nossa doutrina metodista, cremos firmemente na perfeição cristã. John Wesley escreveu sobre isso em seus sermões:

- "40 – Perfeição Cristã"
- "41 – Pensamentos Errantes"
- E no livro: "Explicação Clara da Perfeição Cristã"

Em resumo, para John Wesley:

- *A perfeição cristã existe, e é mencionada diversas vezes nas Escrituras;*
- *Devemos nos deixar levar para a perfeição (Hebreus 6.1);*
- *A perfeição é recebida antes da morte, ou seja, somos perfeitos em vida (Filipenses 3.15);*
- *A perfeição não é absoluta. A perfeição absoluta pertence somente a Deus;*
- *Ela não nos torna infalíveis nem impecáveis, mas é a salvação do pecado;*
- *A perfeição é o amor perfeito que nos aperfeiçoa (1 João 4.18), e seu fruto conforme é descrito em (1 Tessalonicenses 5.16-18);*
- *Para Wesley, a perfeição é a verdadeira circuncisão do coração.*

A palavra usada no texto original para "perfeito" é "*teleios*", que também pode ser traduzida como: completo, pleno ou maduro. Assim como não há diferença entre o corpo de uma criança e o de um adulto em termos de estrutura, todos os órgãos e sistemas funcionam igualmente, a diferença está em que o corpo do adulto é mais desenvolvido. A criança já é perfeita, mas está sendo aperfeiçoada; ela é plena, mas está se tornando madura (1 Coríntios 13.11).

Então, para vivermos o processo de perfeição cristã de forma bíblica, precisamos compreender e viver algumas experiências práticas:

A PRÁTICA LEVA A PERFEIÇÃO

> *"Não que eu o tenha já recebido ou tenha já obtido a perfeição; mas prossigo para conquistar aquilo para o que também fui conquistado por Cristo Jesus." (Filipenses 3.12).*

Algumas pessoas afirmam que a prática ou a repetição pode nos levar a certo nível de perfeição. Assim como há atletas que, por meio da disciplina e de treinos cadenciados, conseguem alcançar resultados extraordinários. O próprio recordista olímpico Usain Bolt afirmou que, para correr 9 segundos e quebrar o recorde, teve que treinar 4 anos para que isso fosse possível.

O apóstolo Paulo também afirma que, ainda não alcançamos a perfeição divina, mas devemos caminhar em direção a ela. O ser humano perfeito foi Cristo. Ele é a nossa conquista. Jesus Cristo nos conquistou para que pudéssemos ser Seus imitadores. Nossa maior conquista é poder ser como Ele. Devemos nos esforçar e prosseguir em direção a essa conquista. Uma conquista que não é de "9 segundos" — é para a vida inteira.

Para a igreja de Corinto, Paulo usou o exemplo do atleta:

> *"Todo atleta em tudo se domina; aqueles, para alcançar uma coroa corruptível; nós, porém, a incorruptível." (1 Coríntios 9.25)*

E a Timóteo, ele declarou com convicção:

> *"Combati o bom combate, completei a carreira, guardei a fé." (2 Timóteo 4.7)*

O que repetimos e fazemos com frequência pode nos gerar tanto bons hábitos quanto maus hábitos. Na vida cristã, não é diferente. Nossa mensagem não é nova — é a mesma mensagem dos apóstolos. Nosso evangelho não é novo — é o mesmo evangelho anunciado por Jesus. O que fazemos é "repetir" a mensagem daquilo que dEle ouvimos e recebemos (Filipenses 3.18; 1 João 1.3).

A PRÁTICA LEVA À EVOLUÇÃO

> *"Irmãos, quanto a mim, não julgo havê-lo alcançado; mas uma coisa faço: esquecendo-me das coisas que para trás ficam e avançando para as que diante de mim estão, prossigo para o alvo, para o prêmio da soberana*

> *vocação de Deus em Cristo Jesus. Todos, pois, que somos perfeitos, tenhamos este sentimento; e, se, porventura, pensais doutro modo, também isto Deus vos esclarecerá. Todavia, andemos de acordo com o que já alcançamos"* (Filipenses 3.13-16).

Para entendermos melhor esse processo, precisamos lembrar que, para algumas pessoas, a perfeição não existe. Talvez os primeiros passos, o primeiro relacionamento ou o primeiro trabalho dessas pessoas não tenham sido bons, não foram perfeitos. Mas, se os primeiros foram ruins, não precisamos parar neles. Para essas pessoas, a prática não produzirá perfeição, mas sim evolução. Pratique muitas vezes, porque só podemos melhorar aquilo que é reconhecido e praticado. Foque em melhorar 1% em cada coisa que você fizer.

O melhor momento para começar era ontem. O segundo melhor momento é hoje. Fique ciente de uma coisa: quem planta hoje nem sempre colherá amanhã. Faça a sua parte! No momento certo, você colherá os frutos do seu esforço.

Para quem pensa assim, acreditam que não é dom, não é sorte, não é passe de mágica, não é fórmula, não é destino — é estudo, técnica, resiliência, persistência e consistência. Pois o progresso traz consigo melhorias — isso é evolução.

Esquecem do que ficou para trás e avançam para o alvo. Em nosso caso, o nosso alvo de perfeição é a soberana vocação de Deus em Cristo Jesus. Mas atente-se: nos versos anteriores, Paulo disse que ainda não havia alcança-

NOSSA AUTENTICIDADE ESTÁ EM CRISTO! ELE É O MODELO E O PADRÃO.

do a perfeição (no singular), mas agora afirma que somos perfeitos (no plural). E se não entendermos essa perfeição, Deus nos esclarecerá.

A perfeição do cristianismo está na multiforme sabedoria de Deus, revelada por meio da Igreja (Efésios 3.10). A expressão perfeita de Cristo na terra é a Igreja.

FOQUE NO PROGRESSO E NÃO NA PERFEIÇÃO

> *"Toda a Escritura é inspirada por Deus e útil para o ensino, para a repreensão, para a correção, para a educação na justiça, a fim de que o homem de Deus seja perfeito e perfeitamente habilitado para toda boa obra." (2 Timóteo 3.16-17)*

Muitas pessoas preferem focar no progresso dentro do processo, mais do que na perfeição em si, porque acreditam na máxima: "O feito é melhor do que o perfeito". Na segunda carta a Timóteo, Paulo orienta que ele deveria focar nas Escrituras para seu progresso, e esse progresso bíblico seguia um processo: inspiração, repreensão, correção e educação na justiça, a fim de que, fazendo isso, Timóteo se tornasse perfeito e perfeitamente habilitado para toda boa obra.

Em outras palavras, o progresso de Timóteo traria a ele o resultado de perfeição necessária. Nessa passagem fica claro para todos nós que devemos focar no nosso progresso nas Escrituras e no cumprimento da vontade de

Deus, para que, assim como Paulo orientou a Timóteo, sejamos aperfeiçoados, perfeitos e perfeitamente habilitados em Cristo e por Cristo.

Ao focarmos no processo e no progresso, estaremos focados em nosso desenvolvimento espiritual, e não cairemos no erro de um perfeccionismo inalcançável, tentando nos tornar semideuses. Assim como não somos pecadores lutando para ser santos — somos santos lutando contra o pecado —, em nosso processo e progresso, não somos pecadores lutando para sermos perfeitos, somos perfeitos em Cristo, sendo aperfeiçoados pelo Espírito.

- *O que Jesus consumou, completou, justificou. Ele fez por nós (nobis).*
- *O que o Espírito Santo faz até hoje nos santificando, Ele faz em nós (in nobis).*

Essa é a obra da perfeição. Não tem a ver com o que a gente fez ou faz, mas com o que permitimos Deus fazer em cada um de nós! Por isso, não devemos focar em merecer por fazer, não focamos na perfeição, mas sim no processo que Deus já começou em nós, crendo que Aquele que começou a boa obra há de completá-la.

Assim como disse a estilista Diane von Furstenberg, de fato podemos transformar nossas imperfeições em nossos ativos, nossas vulnerabilidades em nossa força — mas não por nós mesmos! Como diz a frase atribuída a Pitágoras: "A melhor maneira de que o homem dispõe para se aperfeiçoar é aproximar-se de Deus".

Neste capítulo, não quero afirmar que somos "perfeitões", ou que "somos os tais!", "a última bolacha do pacote", ou os "bonzões". O que desejo é trazer consciência e entendimento de que, ao recebermos a vida e o Espírito de Deus em nós, através de Cristo, somos muito mais do que imaginamos ser. Nossa natureza foi transformada, e nossa vida está sendo aperfeiçoada. Pois, desde que recebemos Jesus em nossas vidas, por meio do Espírito Santo, não somos mais os mesmos.

Isso tem nos transformado:

> *"E dar-vos-ei um coração novo, e porei dentro de vós um espírito novo; tirarei da vossa carne o coração de pedra, e vos darei um coração de carne. E porei dentro de vós o meu Espírito, e farei que andeis nos meus estatutos, e guardeis os meus juízos, e os observeis." (Ezequiel 36.26-27)*

Em Jesus habitava corporalmente toda a plenitude da divindade. Ou seja, Ele foi o protótipo, o pioneiro, o primeiro ser humano a receber toda perfeição e plenitude dentro de si, por meio do Espírito Santo. Ele era o único a ser unigênito a ser pleno e perfeito filho. Mas, a partir dEle, nós também passamos a carregar a plenitude de Deus:

> *"Porquanto, nele, habita, corporalmente, toda a plenitude da divindade. Também, nele, estais aperfeiçoados." (Colossenses 2.9-10)*

Podemos perceber, através deste texto, que todos que estão em Cristo são totalmente perfeitos e plenos! E, ao mesmo tempo, afirma-se que estamos recebendo de Sua plenitude, graça sobre graça (João 1.16). O padrão bíblico é claro: Você já é perfeito, e está sendo aperfeiçoado!

A vida cristã não começa com um "faça", mas com um: "Está feito. Está consumado!". Precisamos assumir quem somos em Cristo — que já somos como Ele (1 João 4.17). E, ao assumirmos e crermos nisso, passaremos a agir de acordo com o que cremos. Cristo é perfeito e pleno. Se o perfeito e pleno habita em nós, com certeza Sua vida está afetando positivamente a nossa, a ponto de declararmos, cada vez mais: "Já não sou eu quem vive, mas Cristo vive em mim!".

Pois o resultado dessa vida perfeita não é orgulho, soberba ou altivez, mas as características de Jesus: mansidão, humildade e o fruto do Espírito.

ANOTAÇÕES DO MEU PROCESSO

REFLEXÃO PESSOAL

1. Tenho confundido perfeição com performance?

2. O que Deus deseja aperfeiçoar em mim hoje?

3. Tenho confiado no processo contínuo de Cristo em mim?

> **PERDE-SE NO PERFECCIONISMO, AMADURECE-SE NO APERFEIÇOAMENTO.**

CAPÍTULO 11

PROCESSO DA PERFEIÇÃO (PARTE 2)

"Quando, porém, vier o que é perfeito, então, o que é em parte será aniquilado."
(1 Coríntios 13.10)

O aperfeiçoamento é o processo pelo qual passam aqueles que já são perfeitos. O aperfeiçoamento não é um processo de correção, não se trata de pegar algo errado e transformar em certo, não é mudar uma coisa em outra, mas sim transformar aquilo que já é em uma expressão plena do que ela é. É um processo de revelação, de manifestação de algo que ainda está encoberto.

Se você soubesse o que Deus já te deu, do seu interior fluiriam rios de águas vivas! Existe algo de Deus em nossas vidas que ainda está encoberto. A obra de Jesus foi remover o que encobria, o que obstaculava, o que sufocava a nossa verdadeira natureza. Pois é a nossa natureza humana, corrompida, que impede as realidades espirituais de fluírem plenamente. Nossa carnalidade é a sepultura da espiritualidade. Os pecados nos impedem de viver essas realidades.

Quando estamos em Jesus Cristo, nossa espiritualidade não é mais de alguém buscando a Deus, mas de Deus se revelando plenamente a nós, produzindo em nós a imagem de quem Ele é. Pois nascemos de uma semente incorruptível (1 Pedro 1.23), uma nova criatura nascida do Espírito!

Ainda não nos encontramos em nossa situação ou estado perfeito, mas já estamos, pelo novo nascimento, em nossa condição perfeita. E isso não tem mais volta. Vamos sendo transformados e aperfeiçoados na nossa condição plena, em quem já somos em Cristo Jesus (1 João 4.17). Conforme Filipenses 3.12-17, somos perfeitos, apesar de ainda estarmos sendo aperfeiçoados e conformados (isto é, tomando a forma) em Cristo.

Muitos não conseguem avançar, porque estão tentando ser melhores, quando deveriam buscar ser transformados. Deus não melhora o velho homem ou a velha mulher, esses devem ser crucificados. Outros não conseguem, porque estão tentando, na força da carne, se tornar o que ainda não são, sem a convicção de quem já são em Cristo. Vivem apenas de vislumbres, com uma expectativa de se tornar o que ainda não veem, porque ainda não enxergam que já são em Jesus.

O ESTADO PERFEITO

O primeiro Adão tinha diante de Deus uma posição de justiça, um estado perfeito — perfeição, igualdade e semelhança ao Criador (Gênesis 1.26-27). Deus o colocou em um lugar de justiça. Deus não tem problema com o pecado. Ele não pergunta a Adão o que ele havia feito de errado, mas sim: "Onde você está?". (Gênesis 3.9)

Adão, por causa do pecado, perdeu sua posição de justiça diante de Deus. E o Filho de Deus, o segundo e último Adão, veio salvar não "um quem" se perdeu, mas "o que" havia se perdido, ou seja, a posição de justiça destinada a filhos e filhas de Deus.

Essa posição é a perfeição, ou, se preferir, a perfeita justiça. Pois não havia um justo sequer depois de Adão e antes de Jesus (Romanos 3.10).

> *"Pois também Cristo morreu, uma única vez, pelos pecados, o justo pelos injustos, para conduzir-vos a Deus..." (1 Pedro 3.18)*

Quando o Pai tirou o nosso pecado e o colocou sobre Jesus, então a justiça de Jesus — Seu estado de perfeita justiça — passou a ser nosso, assim como nossa transgressão passou a ser sobre Ele. Jesus só morreu porque recebeu sobre Si o nosso pecado e maldição, pois o salário do pecado é a morte (Romanos 6.23). Se Cristo não tivesse recebido os nossos pecados, Ele não precisaria morrer, não seria necessário.

Naquele instante, Ele foi o Cordeiro que tira o pecado do mundo (João 1.29). As pessoas não vão para o inferno porque pecam, mas porque rejeitam a Jesus Cristo, o Salvador e a Salvação. A justiça de Jesus aplacou a ira de Deus (João 3.36), pois, quem tem o Filho, tem a vida; quem não tem o Filho, permanece sob condenação (1 João 5.12).

Por causa da justiça de Deus em Jesus Cristo, fomos justificados pela fé (Romanos 3.24; 5.1). Nosso estado de perfeição em Cristo é um estado de justiça. Cristo nos tornou justos diante de Deus, o Pai!

> *"Aquele que não conheceu pecado, ele o fez pecado por nós; para que, nele, fôssemos feitos justiça de Deus." (2 Coríntios 5.21)*

Como novo homem e nova mulher em Cristo, vivemos em justiça e retidão (Efésios 4.24); temos o fruto da justiça (Filipenses 1.11); somos educados na justiça (2 Timóteo 3.16); estamos vestidos da justiça (Efésios 6.14); possuímos armas da justiça (2 Coríntios 6.7); somos fartos desta justiça (Mateus 5.6); e temos um glorioso ministério da justiça (2 Coríntios 3.9).

A perfeição em justiça nos torna filhos e filhas maduros, perfeitos e exercitados na justiça (Hebreus 5.13-14). Por isso, minha experiência não pode invalidar a Palavra de Deus. A obediência não é para quem é perfeito, pois quem é perfeito, seu espírito já está pronto, mesmo que a carne ainda seja fraca. Portanto, uma vez que estamos em Cristo, não devemos viver pela obediência (conforme cap. processo da obediência e 2 Coríntios 10.5), mas devemos viver pela fé (Gálatas 3.11; Hebreus 10.38).

Creia que sua perfeição não está naquilo que você faz ou fará, mas naquilo que Cristo já fez por você, e que te tornou justo, justiça de Deus.

COMUNIQUE A PERFEIÇÃO

O aperfeiçoamento não é uma expectativa de chegar onde Deus está, mas sim a convicção de nos tornarmos uma expressão cada vez mais próxima de quem Deus já é em nossa vida!

Portanto, o processo de maturidade e compromisso não é um esforço humano de nos modelarmos ao que achamos correto, mas sim uma submissão plena ao que Deus é e ao que Ele entende ser bom.

NUNCA AMADURECEREMOS SÓ PORQUE FREQUENTAMOS A IGREJA E LEMOS A BÍBLIA, MAS PORQUE SOMOS ABSORVIDOS POR CRISTO.

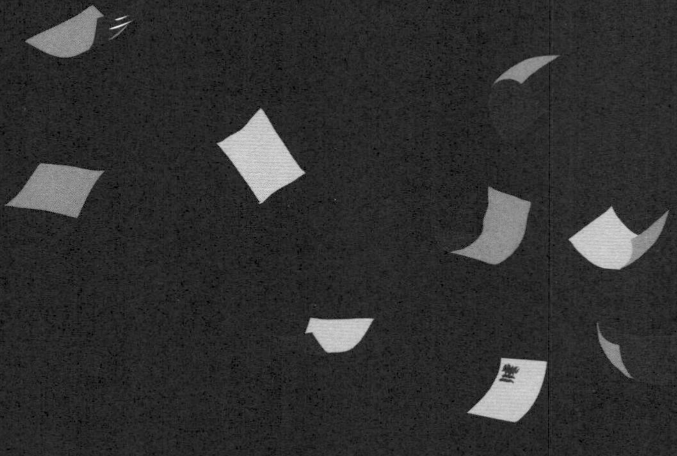

O aperfeiçoamento não é um processo de conquista, mas de submissão! Eu não conquisto a perfeição, eu me submeto ao que é perfeito! Não se trata de corrigir o que está errado, mas de permitir ser absorvido pelo que é perfeito e pleno.

Seja você uma referência de plenitude, pois o verdadeiro entendimento de perfeição não tem a ver com um comportamento impecável, mas com uma crença na justiça e um entendimento correto e maduro sobre ela.

> O APERFEIÇOAMENTO NÃO É UM PROCESSO DE CONQUISTA, MAS DE SUBMISSÃO! EU NÃO CONQUISTO A PERFEIÇÃO, ME SUBMETO AO QUE É PERFEITO!

ANOTAÇÕES DO MEU PROCESSO

REFLEXÃO PESSOAL

1. Estou me permitindo crescer em graça e caráter?

2. Quais hábitos preciso abandonar para avançar?

3. Como posso cooperar mais com o Espírito Santo?

> **A PERFEIÇÃO EM CRISTO É UM CAMINHO DE CONSTANTE TRANSFORMAÇÃO.**

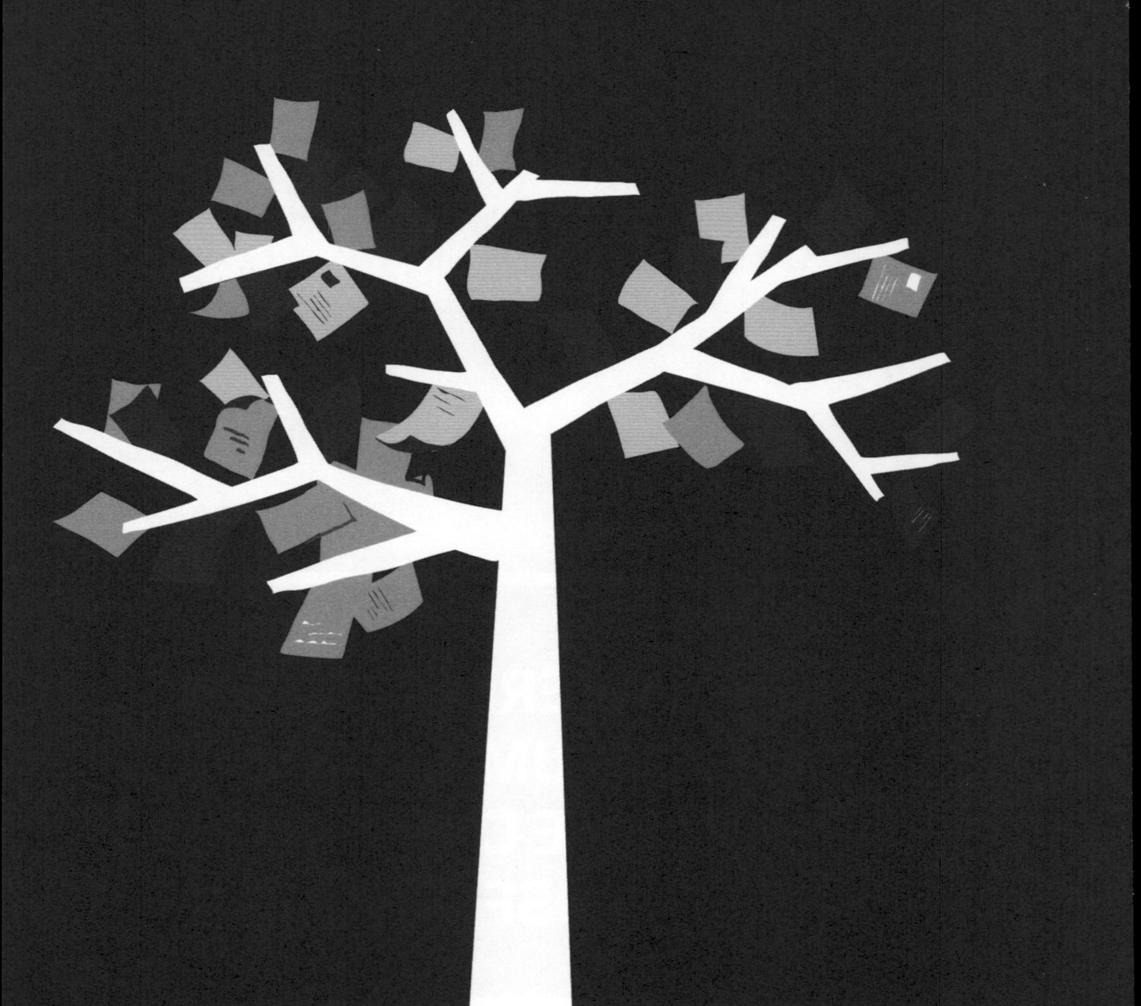

CAPÍTULO 12
PROCESSO DA VIDA ESPIRITUAL

"Jesus, porém, voltando-se os repreendeu [e disse: Vós não sabeis de que espírito sois]."
(Lucas 9.55 - ARA)

O padre, filósofo, teólogo e também paleontólogo Pierre Teilhard de Chardin, em seu livro de filosofia e religião intitulado "O Fenômeno Humano", escreveu a seguinte frase:

"A religião não é apenas uma, são centenas. A espiritualidade é apenas uma. A religião é para os que dormem. A espiritualidade é para os que estão despertos. A religião é para aqueles que necessitam que alguém lhes diga o que fazer e querem ser guiados. A espiritualidade é para os que prestam atenção à sua Voz Interior. [...] A religião crê na vida eterna. A espiritualidade nos faz consciente da vida eterna. A religião promete para depois da morte. A espiritualidade é encontrar Deus em nosso interior durante a vida. Não somos seres humanos passando por uma experiência espiritual; somos seres espirituais passando por uma experiência humana."

Portanto, além de entendermos que somos seres espirituais passando por uma experiência humana (assim como Jesus), também devemos adorar a Deus de forma espiritual e verdadeira, pois é esse tipo de adorador que Deus Pai procura para si.

> *"Deus é espírito; e importa que os seus adoradores O adorem em espírito e em verdade." (João 4.24)*

Gente que se vê e se entende como espiritual — em sua natureza e essência — e que adora em espírito e em verdade — por meio de suas atitudes e comportamento. O problema é: "Será que somos mais carnais ou espirituais?" .Assim como um cristão pode ser carnal (1 Coríntios 3.1-2), também é possível que uma pessoa espiritual esteja espiritualmente errada ou equivocada. Esse erro ou equívoco pode ocorrer porque, além do Espírito da Vida, também existem:

- *o espírito da morte;*
- *o espírito do engano (1 Timóteo 4.1);*
- *o espírito do mundo (1 Coríntios 2.12);*
- *o espírito adivinhador (Atos 16.16);*
- *o espírito maligno (Atos 19.15);*
- *o espírito do erro (1 João 4.6);*
- *o espírito do medo/covardia (2 Timóteo 1.7);*
- *o espírito do anticristo (1 João 4.3).*

Enfim, assim como existe um mundo/plano e uma dimensão espiritual celeste, também existe um mundo/

plano e uma dimensão espiritual maligna — que não pode ser ignorada. Por isso, quando falamos de espiritualidade, devemos ter cuidado com que espiritualidade ou espiritualismo estamos tratando. A Bíblia sempre nos orientou que: "As coisas espirituais não se discernem naturalmente, mas espiritualmente". (1 Coríntios 2.14)

Mas não para por aí — A Palavra também nos alerta: "Não deis crédito a qualquer espírito; antes, provai os espíritos, se procedem de Deus...". (1 João 4.1)

O contexto de Lucas 9.51-56, onde lemos o versículo 55, mostra Jesus prevendo seu sofrimento, morte, ressurreição e ascensão, e desejando passar por uma aldeia de samaritanos, mas Ele acaba sendo rejeitado.

Então, Tiago e João, filhos de Zebedeu — também conhecidos como filhos do trovão (Marcos 3.17), por causa de sua impulsividade e temperamento explosivos — perguntam se podem pedir fogo do céu sobre os samaritanos, fazendo referência ao que o profeta Elias fez em 2 Reis 1.10-12. Mas Jesus os repreende, dizendo que eles não sabiam de que espírito eram, porque Jesus autorizou seus discípulos para uma missão de salvação, não para destruição de vidas.

Ainda hoje, existem muitos cristãos que não sabem a que espírito estão servindo. Assim como os discípulos Tiago e João, podemos andar com Jesus e ainda estarmos enganados quanto à forma como vivemos o cristianismo. Agora, sabendo disso, precisamos entender: qual é o processo de Deus para que possamos viver uma vida espiritual autêntica?

A OBRA DO ESPÍRITO EM JESUS DE NAZARÉ

> *"Então Jesus lhes disse: — Em verdade, em verdade lhes digo que o Filho nada pode fazer por si mesmo, senão somente aquilo que vê o Pai fazer; porque tudo o que este fizer, o Filho também faz." (João 5.19)*

Jesus nasceu e viveu até os 30 anos como uma pessoa comum, cumprindo os preceitos judaicos desde a infância, frequentando o templo e a sinagoga, mas se sobressaía entre os seus, a ponto de impressionar os doutores da lei por sua sabedoria (Lucas 2.46-47), crescendo em graça e conhecimento (Lucas 2.52).

Iniciou seu ministério após o recebimento do Espírito, um acontecimento que transforma completamente sua vida. Aquilo que era gerado/nascido pelo Espírito e feito carne (Jo 1.14), agora recebe a plenitude do Espírito Santo — a plena habitação, plena unção, pleno poder. Por isso o apóstolo Paulo faz questão de enfatizar isso à igreja de Colossos:

> *"Porque Deus achou por bem que, nele, residisse toda a plenitude"; "Porque nele habita corporalmente toda a plenitude da divindade." (Colossenses 1.19; 2.9)*

O batismo (João 1.32-34) não foi um mero ritual simbólico, mas um divisor de águas, um marco inicial, pois ali Jesus recebeu tudo o que faltava para ser pleno e consumar a obra do Pai, estando sensível à voz e direção do Espírito

(Estando sensível para ver e fazer tudo o que o pai lhe disse, João 8.38; 12.49). Ao falarmos que Jesus recebeu a plenitude, isso significa que Ele recebeu todos os dons, todas as graças ministeriais, ou seja, todo o poder. A conexão com o Pai foi completa.

Por isso realizou milagres, sinais e maravilhas, pois se tornou um com o Espírito e com Deus, o Pai. E após o Espírito se unir a Ele e consumar sua missão, Ele se torna o Cristo, o Espírito vivificante (1 Coríntios 15.45). Pois sabia que, se não fosse, o Espírito Santo não poderia vir (João 16.7), para habitar naqueles que viessem a crer em Seu nome:

> *"Não rogo somente por estes, mas também por aqueles que vierem a crer em mim, por intermédio da sua palavra; a fim de que todos sejam um; e como és tu, ó Pai, em mim e eu em ti, também sejam eles em nós; para que o mundo creia que tu me enviaste." (João 17.20-21)*

E Ele repete:

> *"Eu neles, e tu em mim, a fim de que sejam aperfeiçoados na unidade, para que o mundo conheça que tu me enviaste e os amaste, como também amaste a mim." (João 17.23)*

Jesus se tornou um com o Espírito, não apenas para fazer o que fez, mas para fazer através de nós. Assim como Jesus, sendo apenas Filho gerado, nada pôde fazer sem a plenitude do Espírito, nós, sem Ele, também nada podemos fazer (João 15.5). Como Espírito vivificante, Ele realizou algo em nós espiritualmente:

- *Nos deu o Espírito da fé (2 Coríntios 4.13);*
- *Nos deu o Espírito da graça (1 Coríntios 2.12; João 1.16);*
- *O Espírito de poder, amor e equilíbrio (2 Timóteo 1.7);*
- *Nos deu armas espirituais, e não carnais (2 Coríntios 10.4; 6.6-7).*

Quando Jesus se tornou Cristo — o Espírito vivificante —, Ele deixou de ser apenas um homem de grandes feitos na Palestina, para ser, enfim, "tudo em todos" (1 Coríntios 15.28).

A OBRA DO ESPÍRITO EM NÓS

"O Espírito da verdade, que o mundo não pode receber, porque não o vê, nem o conhece; vós o conheceis, porque ele habita convosco e estará em vós." (João 14.17)

Qual foi a obra que o Espírito Santo veio realizar — e ainda está realizando — em todo aquele/a que tem Jesus? Será que a conhecemos de fato? Talvez seja muito fácil resumirmos a obra do Espírito como aquela que consiste em nos convencer do pecado, da justiça e do juízo, mas não é só isso. O Espírito também veio "habitar" e "estar" em nós. Muitos acham que a obra de convencimento do pecado é a maior bênção do evangelho, mas, na verdade, a maior obra e expressão da graça consiste na habitação do Espírito Santo em nós.

E para que isso aconteça, devemos passar por três experiências:

- *A Experiência da Habitação (Sopro): Essa primeira experiência acontece quando Jesus ressuscita e sopra o Espírito sobre os seus discípulos (João 20.22). Todo cristão que nasceu de novo (João 3.6) recebe esse sopro descrito em João, pois através dele o cristão recebe o Espírito Santo dentro de si e passa a ter uma nova natureza, testificando que somos filhos e filhas de Deus (Romanos 8.16). Essa experiência produz o fruto do Espírito, que é a consequência da presença do Espírito Santo em nós, e Ele nos guia e ensina toda a verdade, lembrando-nos de tudo o que Jesus ensinou (João 16.13). Portanto, essa primeira experiência diz respeito ao Espírito habitando em nós: "Mas aquele que se une ao Senhor é um espírito com ele." (1 Coríntios 6.17)*

- *A Experiência do Revestimento (Vento): Mesmo após receberem a habitação, os discípulos são convidados a permanecer em Jerusalém para um novo momento: o revestimento (Lucas 24.49). Esse acontecimento é descrito em Atos 2.1-2 como o revestimento ou enchimento do Espírito. É por meio do revestimento que recebemos o poder do Espírito: o batismo no Espírito, os dons espirituais e o manifestar do Espírito. Uma vez cheios do Espírito, não nos esvaziamos — isso é um estado irreversível. Se estamos em Cristo, estamos plenos do Espírito. Ele não habita em nós pela metade: "Também, nele, vocês receberam a plenitude" (Colossenses 2.10a). Não precisamos nos "encher" toda vez que nos sen-*

timos vazios, pois se nos sentimos vazios é porque estamos cheios do que não é espiritual. Devemos, sim, nos manter conscientes de que estamos cheios do Espírito — e isso não passa como uma embriaguez. A embriaguez do vinho é dissolúvel e passageira, mas o enchimento do Espírito é permanente (Efésios 5.18-21). Somos cheios quando nos deixamos ser usados sob a influência do Espírito. Nossa luta, uma vez cheios, não é o medo de esvaziar, mas o perigo de apagar ou abafar o Espírito (1 Tessalonicenses 5.19). Por isso, devemos conservar o que já recebemos da parte de Deus em Cristo Jesus (1 Timóteo 3.9; 5.22; Hebreus 4.14; 1 Tessalonicenses 5.23; Apocalipse 3.11).

Essas duas experiências — o sopro como habitação (residir) e o vento como revestimento (revestir) — são parte essencial da obra do Espírito Santo em nós. Podemos atestar essas experiências distintas observando que, no Evangelho de João, o Espírito é comparado à água para beber (João 4.14; 7.37-39), representando uma obra/manifestação interior.

Já na escrita de Lucas, tanto no Evangelho quanto em Atos, o Espírito é comparado a uma roupa que vestimos, uma obra/manifestação exterior. Podemos ilustrar essa verdade com o exemplo de um policial: ao acordar para trabalhar, ele precisa se alimentar — beber e comer — para ter forças ao longo do dia. Mas isso não é suficiente: ele também precisa vestir seu uniforme/farda, pois é isso que lhe confere autoridade pública. Da mesma forma:

"O alimento representa o Espírito como vida dentro de nós, e, o uniforme representa o

Espírito como poder sobre nós. O sopro é para a vida, e o vento para o mover."

A Terceira Experiência é a da Transformação (2 Coríntios 3.18): Nós, seres humanos, não somos simplesmente "corpo, alma e espírito" como muitos acreditam. Na verdade, somos espírito, possuímos uma alma e habitamos um corpo (1 Tessalonicenses 5.23). Nosso espírito é o fôlego de Deus, o sopro da vida (Gênesis 2.7). Desde o princípio, o propósito divino foi criar o ser humano para conter sua presença.

Quando o Espírito Santo se une ao nosso espírito, Ele nos une a Jesus Cristo e nos enche de vida e poder, com o objetivo de nos transformar de dentro para fora, a fim de que possamos viver e realizar as obras que Jesus fez, e ainda maiores (João 14.12).

Essa transformação reflete diretamente em nossos comportamentos. Algumas evidências disso são:

- *Andar no Espírito (Gálatas 5.16)*
- *Viver no Espírito (Gálatas 5.25; 1Pe 4.6)*
- *Orar no Espírito (1 Coríntios 14.15)*
- *Ter intuição (ser impelido) e discernimento no Espírito (Marcos 1.12; 2.6-8)*
- *Falar e cantar no Espírito (1 Coríntios 14.15; Efésios 5.19)*

De modo que essa transformação nos torna, a cada dia, pessoas mais espirituais, ou seja, mais parecidas com Jesus. "Já não sou eu quem vive, mas Cristo vive em mim." (Gálatas 2.20)

Pelo poder do Espírito Santo, Cristo passa a viver em nós. E não apenas isso, somos chamados a cooperar com o Espírito, e Ele, por sua vez, coopera conosco para realizarmos a obra de Deus (Romanos 8.26). Não há como não sermos impactados e transformados pelo Espírito Santo se permitirmos que Ele nos guie e nos conduza a toda a verdade.

Na verdade, como disse o padre Pierre Teilhard de Chardin, citado no início: "Não somos seres humanos passando por uma experiência espiritual; somos seres espirituais passando por uma experiência humana". Quanto mais rápido entendermos e assumirmos quem somos em Cristo Jesus, pelo poder do Espírito, mais rápido prosperaremos espiritualmente.

O critério para a vida no Espírito não é o certo ou o errado, mas a vontade de Deus. Ser cristão não é ser guiado por um código de conduta, mas sim ser guiado pelo Espírito de Deus. Durante muito tempo, considerávamos pessoas espirituais aquelas que apresentavam uma performance religiosa impecável, que oravam por longos períodos com palavras eloquentes, pregavam de forma impactante, cantavam com excelência...

Mas a verdadeira vida espiritual não é reconhecida por nossa performance religiosa ou cúltica, mas sim por quanto nossa vida se parece com a de Jesus Cristo em sua habitação, e por quanto o Espírito se manifesta através de nós, pelo fruto e pela manifestação do seu poder, por meio do revestimento e enchimento.

Se você tem o Espírito Santo, Ele está pleno em você. Se você foi revestido, você não precisa se encher novamente, você já está cheio! Há pessoas que acreditam que, ao praticar disciplinas espirituais, serão automaticamente cheias do Espírito, como se essas práticas, por si só, tivessem esse poder.

Embora as disciplinas espirituais sejam importantes, elas não garantem que nos tornaremos espirituais. Não generalizando, mas muitas pessoas que praticam tais disciplinas acabam sendo mais religiosas do que espirituais. O que de fato nos torna espirituais é o nosso relacionamento com a pessoa do Espírito Santo. As disciplinas espirituais nos ajudam nesse processo quando nos tornam mais sensíveis à presença e direção dEle.

Deixe o Espírito Santo te conduzir a toda a verdade (João 16.13). Como Ele já está em você, permita que Ele te conduza a toda a liberdade, pois onde está o Espírito do Senhor, aí há liberdade (2 Coríntios 3.17). Uma vida no Espírito é uma vida de verdade (habitação) e de liberdade (manifestação).

ANOTAÇÕES DO MEU PROCESSO

1. Minha vida espiritual tem sido consistente e autêntica?

2. Qual prática espiritual preciso desenvolver mais?

3. Em que momento do dia me conecto mais com Deus?

> **VIDA ESPIRITUAL MADURA É FRUTO DE INTIMIDADE E CONSTÂNCIA.**

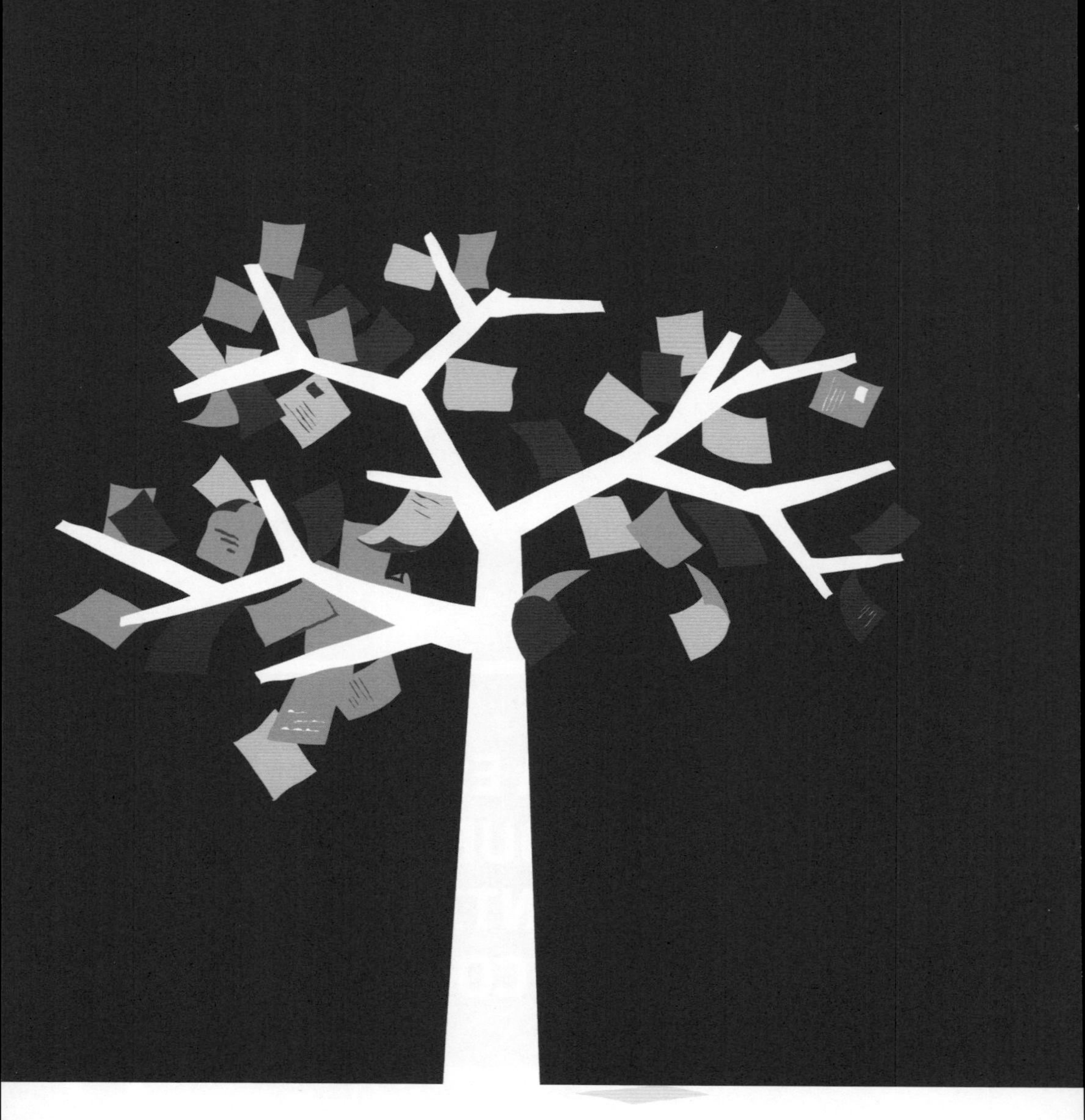

CAPÍTULO 13
PROCESSO DO FOCO

"A seguir, foi Jesus levado pelo Espírito ao deserto, para ser tentado pelo diabo. E, depois de jejuar quarenta dias e quarenta noites, teve fome. Então, o tentador, aproximando-se, lhe disse: Se és Filho de Deus, manda que estas pedras se transformem em pães. Jesus, porém, respondeu: Está escrito: Não só de pão viverá o homem, mas de toda palavra que procede da boca de Deus. Então, o diabo o levou à Cidade Santa, colocou-o sobre o pináculo do templo e lhe disse: Se és Filho de Deus, atira-te abaixo, porque está escrito: Aos seus anjos ordenará a teu respeito que te guardem; e: Eles te susterão nas suas mãos, para não tropeçares nalguma pedra. Respondeu-lhe Jesus: Também está escrito: Não tentarás o Senhor, teu Deus. Levou-o ainda o diabo a um monte muito alto, mostrou-lhe todos os reinos do mundo e a glória deles e lhe disse: Tudo isto te darei se, prostrado, me adorares. Então, Jesus lhe ordenou: Retira-te, Satanás, porque está escrito: Ao Senhor, teu Deus, adorarás, e só a ele darás culto. Com isto, o deixou o diabo, e eis que vieram anjos e o serviram." (Mateus 4.1-11)

O pastor Rick Warren, autor do best-seller "Uma Vida com Propósitos", escreveu uma frase marcante:

> *"O propósito da sua vida é muito maior do que a sua realização pessoal."*

Muitas vezes, perdemos nosso propósito de vida porque perdemos o foco. Quantos homens e mulheres acabam destruindo seus casamentos simplesmente por uma tentação que surgiu em um dia de angústia? Quantas vezes somos surpreendidos por convites indecorosos, que não têm nenhuma relação com o nosso propósito, e mesmo assim acabamos aceitando?

No modelo de vida atual, tudo parece cooperar para que as pessoas saiam de seu foco e propósito. O nome disso é: distração!

Quantas vezes você estava decidido a fazer algo, mas resolveu "olhar rapidinho" as redes sociais e, sem perceber, ficou entretido por um bom tempo? A psicologia classifica esta geração como aquela que faz tudo — e, ao mesmo tempo, não faz nada. É uma geração polivalente, de múltiplas performances e multitarefas, mas que ainda assim luta para alcançar um alto nível de excelência.

Recentemente, li um meme nas redes sociais onde uma pessoa perguntava para outra: "Como você consegue fazer tantas coisas ao mesmo tempo?". E a outra respondeu: "Faço tudo pela metade!".

Essa resposta descreve muito bem o comportamento da nossa geração. A boa notícia é que ninguém nasceu para ficar à toa nesta terra, cada um de nós tem um propósito de vida. O problema é que a maioria das pessoas não possui foco.

Foco não é apenas dizer "sim" ao que devemos fazer, mas também dizer "não" a tudo aquilo que, mesmo parecendo bom, surge para nos afastar do propósito e daquilo que realmente é prioridade. Como o próprio Jesus disse a Marta (Lucas 10.41-42):

> *"Marta! Marta! Andas inquieta e te preocupas com muitas coisas. Entretanto, pouco é necessário, ou mesmo uma só coisa. Maria, pois, escolheu a boa parte, e esta não lhe será tirada."*

Ou como afirmou o salmista:

> *"Uma coisa pedi ao Senhor, e a buscarei: que eu possa morar na casa do Senhor todos os dias da minha vida." (Salmos 27.4)*

Devemos ter algo claro em nossa mente: precisamos focar em uma coisa e ser excelentes nela, assim, certamente colheremos grandes resultados.

Jesus, assim que foi batizado por João Batista, foi levado ao deserto e, após quarenta dias de jejum, teve um encontro que poderia colocar todo o seu propósito a perder. O diabo é o rei das distrações e tentou Jesus a perder o foco de sua missão, chamado e vocação. Por isso, nosso foco está constantemente em luta contra distrações — tanto internas quanto externas.

Mas Jesus não permitiu ser distraído do seu propósito, nem da sua missão. Fica claro, então, que para vivermos uma vida com propósito, não podemos perder tempo com distrações. Jesus tinha um grande propósito: salvar a humanidade. Mas, em seu processo como ser humano, precisou vencer o teste do foco. Por isso, foi levado ao deserto e tentado em três áreas especialmente difíceis de se vencer: a necessidade, o poder e a vaidade...

A NECESSIDADE

> *"Então, o tentador, aproximando-se, lhe disse: Se és Filho de Deus, manda que estas pedras se transformem em pães. Jesus, porém, respondeu: Está escrito: Não só de pão viverá o homem, mas de toda palavra que procede da boca de Deus." (Mateus 4.3-4)*

Além das necessidades básicas da humanidade, como descreveu Maslow — fisiológicas, sociais, de autorrealização, segurança e estima —, existem muitas pessoas com propósitos lindos e profundos em suas vidas, mas que, por causa da necessidade de serem aceitas, amadas, compreendidas e integradas, acabam se sujeitando a situações que as afastam de seu propósito.

Aprendi há algum tempo que Deus não responde à nossa necessidade, Ele responde à nossa fé! Deus supre as nossas necessidades, mas não é movido por elas. Somos nós que precisamos ter uma resposta para cada uma de nossas necessidades.

É fundamental termos uma resposta pronta antes que surja uma proposta tentadora, caso contrário, cair na cilada no dia da necessidade será inevitável. Quando estamos

FOCO É UMA QUESTÃO DE DECISÃO EM SER GUIADO, DE FORMA INTENCIONAL, PELO PROCESSO.

com o "tanque vazio", nos tornamos suscetíveis a encher com qualquer tipo de "combustível". Jesus estava com muita fome quando Satanás lhe apresentou a possibilidade de um banquete, mas a resposta do Mestre já estava pronta:

> *"Nem só de pão viverá o homem, mas de toda palavra que procede da boca de Deus."*

Jesus manteve os olhos em um único propósito o tempo todo, e sua necessidade fisiológica não era o seu propósito. Hoje mesmo, determine a si mesmo não andar segundo as necessidades da carne, para que não seja tentado a cometer erros.

O PODER

> *"Então, o diabo o levou à Cidade Santa, colocou-o sobre o pináculo do templo e lhe disse: Se és Filho de Deus, atira-te abaixo, porque está escrito: Aos seus anjos ordenará a teu respeito que te guardem; e: Eles te susterão nas suas mãos, para não tropeçares nalguma pedra. Respondeu-lhe Jesus: Também está escrito: Não tentarás o Senhor, teu Deus." (Mateus 4.5-7)*

Outra situação que nos tira o foco do propósito de Deus em nossas vidas é a busca pelo poder. Na geração atual, o poder está associado a status, fama e dinheiro. As pessoas têm buscado validar suas vidas por meio da conquista de poder. Sobre isso, existem duas máximas muito conhecidas:

> *"Quer conhecer uma pessoa? Dê poder a ela; O poder não corrompe a pessoa, apenas revela quem ela é."*

Quando o inimigo levou Jesus ao topo do templo e sugeriu que Ele se lançasse dali, alegando que os anjos O salvariam, tentava desviar Jesus do foco de ser quem Deus O enviou para ser, acusando-O, implicitamente, de usar Seu poder divino de forma banal e egoísta. Precisamos ter muito cuidado com o poder que recebemos e também com a forma como buscamos ou demonstramos esse poder, pois ele pode ser uma grande distração do verdadeiro propósito.

Não use seu poder ou influência para prejudicar pessoas, mesmo aquelas que não desejam o seu bem. Todo poder que nos foi confiado veio por intermédio da cruz e da pessoa de Jesus Cristo, e deve ser usado para fins virtuosos, edificantes e que promovam a paz.

> *"Quem tem propósito não dá ouvidos a propostas. Não perca tempo com as propostas do inimigo."*

A VAIDADE

> *"Levou-o ainda o diabo a um monte muito alto, mostrou-lhe todos os reinos do mundo e a glória deles e lhe disse: Tudo isto te darei se, prostrado, me adorares."* (Mateus 4.8-9)

A vaidade é algo sério, pois tem o poder de nos desviar completamente do nosso foco e propósito. A última distração que Satanás ofereceu a Jesus foi mostrar todos os reinos e poderes deste mundo, a fim de que Cristo o adorasse. Nesse caso, o diabo prometia dar a Jesus domínio sobre tudo.

Jesus foi tentado a se prostrar diante de seu maior adversário, para pretensamente receber autoridade sobre a terra. Uma tentação como essa, feita a nós, pobres mortais, é como uma rajada de metralhadora contra nosso foco e nosso propósito de vida. Muitas pessoas já se prostraram diante de outras ou de situações, movidas apenas pela vaidade e pelo ego de serem reconhecidas pela sociedade, mas esse não era o caso de Jesus.

Vaidade é a qualidade do que é vão, vazio, firmado sobre uma aparência ilusória. Jesus sabia que qualquer ação movida pela vaidade e pelo ego está desconectada da realidade, e inevitavelmente nos desvia do foco central.

O que estava em jogo era a vaidade de Satanás: querendo ser adorado, querendo gerar em Jesus um desejo vaidoso pela autoridade dos reinos da terra. Mas Jesus sabia que, após consumar todas as coisas, toda autoridade lhe seria dada no céu, na terra e debaixo da terra (Filipenses 2; Mateus 28). Foco é ouvir a voz interior do Espírito, que nos impulsiona a realizar a vontade de Deus. Seja surdo às vozes que tentam te aprisionar em vaidades. Ouça aqueles que te mantém focado nas coisas de Deus — eles serão como molas de propulsão para o seu propósito. Seja como Neemias, quando tentaram distraí-lo, ele respondeu:

> *"Estou focado executando uma grande obra, um grande projeto e não posso parar."*
> *(Neemias 6.3)*

Ou diga como Jesus:

> *"Meu foco, minha adoração e meu culto pertence somente a Deus e mais ninguém."*
> *(Mateus 4.10)*

Os três lugares mais perigosos da terra são: o deserto das necessidades, o pináculo do exibicionismo do poder, e o monte da ambição e da vaidade. Se Satanás conseguir nos conduzir a qualquer um desses lugares, somente o nosso foco na Palavra de Deus, firmemente arraigada no coração, poderá nos livrar de uma tragédia espiritual.

O que dificulta nossa capacidade de acreditar e focar em uma única coisa é que acreditamos — e fazemos — muitas coisas ao mesmo tempo. A palavra "multitarefa" foi criada para computadores, não para pessoas. De fato, podemos realizar algumas ações simultâneas, como andar e falar, ou mascar chiclete enquanto lemos um mapa; porém, assim como os computadores, não conseguimos manter o foco em duas coisas ao mesmo tempo. Nossa atenção apenas alterna entre uma e outra.

O que pode funcionar para as máquinas, pode trazer sérias consequências para os seres humanos. Com o tempo, criou-se a imagem do "ser humano multitarefa", como se fôssemos obrigados a dar conta de tudo. Achamos que podemos, então passamos a achar que devemos. Mas focar em uma coisa só sempre nos deu pistas valiosas:

- *As empresas mais bem-sucedidas se destacam por um produto ou um serviço;*
- *Em nossas vidas, há sempre uma pessoa que nos*

marcou mais do que qualquer outra;

- *Ninguém vence sozinho, todos precisamos de alguém;*
- *Cada um de nós carrega uma paixão intensa ou uma habilidade marcante, que nos define ou motiva;*
- *E, por fim, temos apenas uma vida para viver.*

Por isso, devemos focar em uma única coisa. Como disse Davi: "Uma só coisa pedi ao Senhor e a buscarei" (Salmo 27.4). E como afirmou Jesus: "Uma só coisa é necessária" (Lucas 10.42).

Ter foco é ser discípulo da disciplina. Quem tem foco não vive de desculpas. Quanto maior o foco, mais tempo você terá. O foco nos impulsiona, enquanto uma vida difusa custa caro demais. O foco nos ajuda a eliminar gastos desnecessários, inclusive emocionais e espirituais.

- *Não espere as coisas saírem do controle para, então, tentar focar;*
- *Não espere falir para adquirir foco;*
- *Não espere perder um relacionamento para adquirir foco;*
- *Não espere ser criticado para buscar o foco.*

Foco é uma decisão! É optar por ser guiado, de forma intencional, pelo seu propósito. Passar pelo processo do foco é essencial para quem deseja viver com sentido e direção.

ANOTAÇÕES DO MEU PROCESSO

REFLEXÃO PESSOAL

1. Quais distrações mais têm desviado meu foco?

2. Estou priorizando o que realmente importa?

3. Como posso organizar minha rotina para ser mais focado?

> **FOCO NO PROCESSO EVITA DISPERSÃO E FORTALECE A JORNADA.**

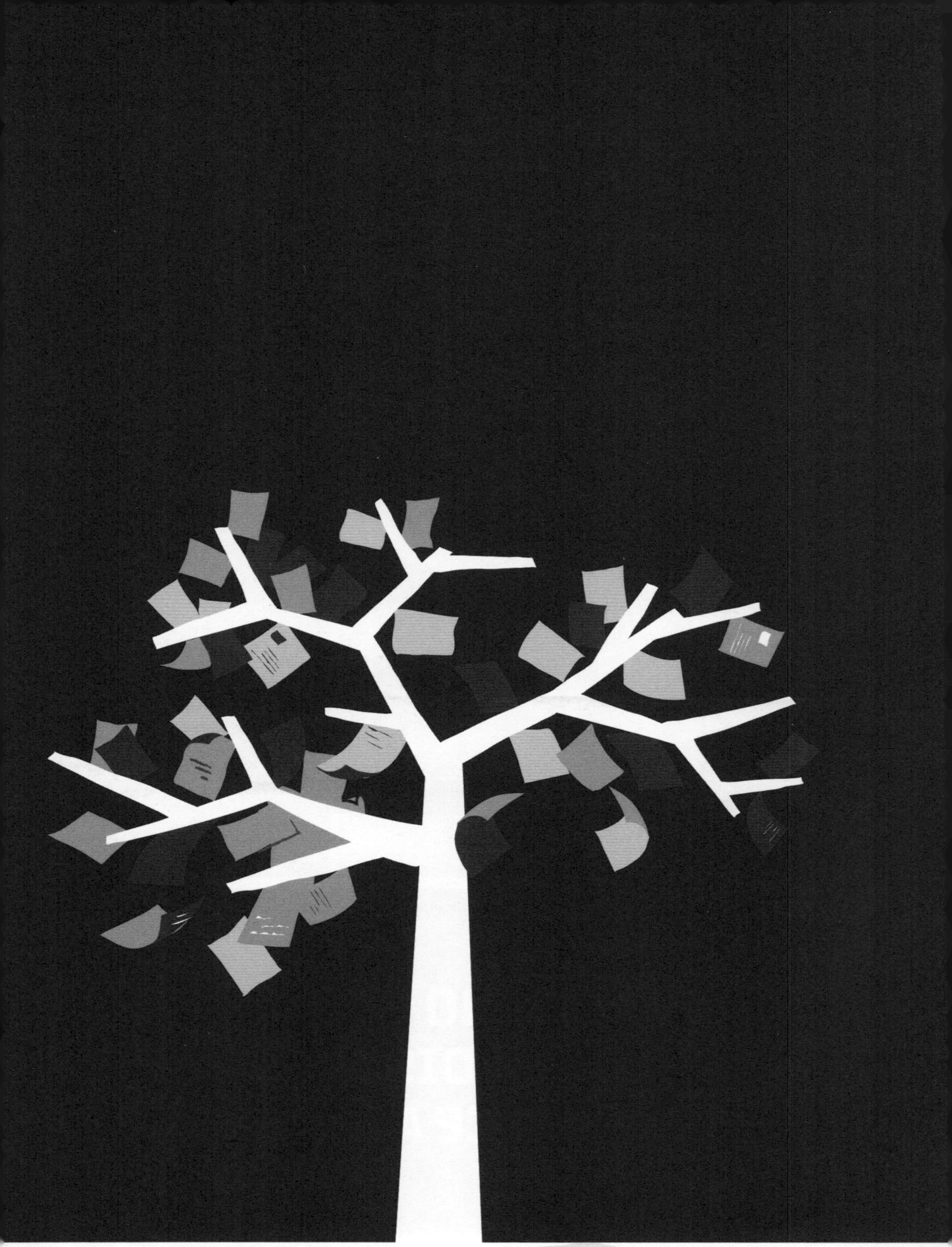

CAPÍTULO 14
PROCESSO DA PALAVRA

"Se permanecerdes em mim, e as minhas palavras permanecerem em vós, pedireis o que quiserdes, e vos será feito." (João 15.7 - ARA)

Quando Jesus fala sobre permanecer em suas palavras, precisamos entender a fundo o que Ele quis dizer aos discípulos. Naquela época, existiam formas diferentes da Palavra de Deus:

- *Primeiro, a palavra escrita ou Escritura (do gr. gráphō – palavra escrita, como em "está escrito", Mateus cap. 4). No quesito Escritura, ela deve ser interpretada dentro de seu contexto histórico e destinada a cada público-alvo – assim como o Antigo Testamento foi escrito para os judeus;*
- *Segundo, a palavra oral ou proclamada (do grego lógos – palavra falada, transmitida pelos profetas ao povo e pelos pais aos filhos, ou seja, tradição oral). Para os filósofos estóicos, o logos era o princípio racional que governava o universo. Era visto como a razão divina, a ordem lógica por trás de tudo o que existe. Influenciado por essa filosofia, pensadores judeus como Fílon de Alexandria (contemporâneo de Jesus) também usaram o ter-*

mo logos, mas o interpretaram como a sabedoria de Deus, um intermediário entre Deus e o mundo — o instrumento da criação, revelação e salvação. O evangelista João utilizou esse termo propositalmente, conectando profundamente seu público grego e judeu ao afirmar: "No princípio era o Logos, e o Logos estava com Deus, e o Logos era Deus" (João 1.1). Podemos dizer que foi a Palavra que se fez carne, sendo Cristo essa profecia encarnada que habitou entre nós (João 1.1-2). E ainda mais: Jesus é eterno e divino; Jesus é o princípio racional e criador do universo; Jesus é a sabedoria encarnada, a revelação plena de Deus;

- *Mas quando João escreve este evangelho, narrando o que Jesus disse, a expressão "palavra" utilizada por ele, no grego, é rhema. E o que é uma palavra rhema? É uma "viva voz", algo que está sendo falado – uma expressão vocal produzindo sons em tempo real. O que comumente chamamos de "palavra revelada" ou "verdade presente anunciada". É a palavra que não está escrita, mas que procede diretamente da boca de Deus. Essa rhema é a conversa que Jesus tem conosco todos os dias e que não está registrada em nenhum lugar, mas ouvimos em nossa consciência e, como ovelhas, reconhecemos a Sua doce voz.*

Para permanecer, precisamos de foco (olhar para a direção certa, que é o Senhor) e ouvidos abertos, pois, com os ouvidos atentos, podemos segui-lo até mesmo de olhos fechados (exemplo: "minhas ovelhas ouvem a minha voz", e o cego de *Jericó*). E como estamos falando do texto da videira, quero comparar a palavra *rhema* com a seiva da videira, a seiva é um líquido nutritivo que circula no interior da árvore, levando vida a toda a planta. Ouvir as palavras de Cristo é o que nos nutre e alimenta, para que possamos glorificar a Deus dando muitos frutos (v. 8). E, no diálogo e relacionamento com Cristo, saberemos o que pedir, e será realizado.

Por este motivo, precisamos saber que, no processo de Deus em nossas vidas, Ele pode falar conosco por meio das Escrituras. Muitas pessoas afirmam não ouvir a Deus, mas mantêm sua Bíblia fechada. As Escrituras são uma revelação inicial ou básica para ouvirmos a Deus. Deus também falava por meio de seus mensageiros: anjos, profetas, sacerdotes, e ainda hoje utiliza pessoas para transmitir sua Palavra. Porém, um método pouco utilizado por muitos de nós é ouvir diretamente o próprio Filho de Deus (Gálatas 1.16; Hebreus 1.1-2). Precisamos ouvir a voz de Deus de todas essas formas, sem generalizá-las nem descartá-las, pois cada uma delas é essencial em nossa jornada.

CONHECER A BÍBLIA NÃO É O MESMO QUE CONHECER A CRISTO

"A Bíblia não nos foi dada para aumentar nosso conhecimento, mas para mudar nossas vidas" (D.L. Moody). Ao buscar a Jesus, o que você mais deseja? Senti-lo ou conhecê-lo? Jesus não disse que a vida eterna é sentir Deus para sempre, mas sim que é conhecer a Deus (João 17.3). Essa bela frase de Moody só fará sentido se entendermos que a Bíblia aponta para Jesus Cristo, pois somente Ele tem o poder de transformar vidas (Mateus 22.29). A Bíblia, sem essa referência, pode ser apenas mais um livro entre tantos outros. Quantas pessoas você conhece que conhecem bem a Bíblia, dominam suas histórias, seus personagens, memorizaram centenas de versículos e tentaram colocar em prática os princípios bíblicos que aprenderam — e, ainda assim, permanecem as mesmas, enfrentando os mesmos problemas?

- *Os judeus conheciam as Escrituras, mas não conheciam a Cristo. Por isso, julgavam que nas Escrituras estava a Vida Eterna (João 5.39).*
- *Saulo conhecia profundamente as Escrituras, tendo sido educado aos pés do maior mestre da Lei, mas não conhecia o Pai — e, por isso, foi perseguidor da igreja (1 Timóteo 1.13).*

JESUS NÃO MORREU PARA NOS DAR PRINCÍPIOS E REGRAS BÍBLICAS; ELE MORREU PARA NOS DAR A SUA VIDA.

O desejo de Deus, e a razão pela qual Ele entregou o Seu Filho para morrer naquela cruz, não foi unicamente para perdoar os nossos pecados, salvar-nos da condenação eterna, curar enfermidades etc. — todas essas coisas fazem parte, são muito boas, extraordinárias e reais —, mas a razão principal foi para dar-nos a Sua vida.

O problema das regras e dos princípios é que eles podem até nos ajudar a ter um casamento melhor, a nos tornarmos melhores líderes, a melhorar nossa vida financeira, mas não podem nos conceder a única coisa que realmente necessitamos: a vida de Cristo.

NÃO HÁ SUBSTITUTOS PARA CRISTO

Muitos de nós acreditamos que a Bíblia é a única fonte de revelação da Palavra de Deus, mas não é! Não podemos nos esquecer de que o próprio Jesus Cristo é a Palavra que se fez carne. Não devemos pensar que toda a Palavra de Deus se resume ao que está escrito (João 21.24-25); não seguimos um livro, seguimos a Jesus Cristo, aquele que o Sagrado Livro nos apresenta.

É evidente que, antes de conhecermos a Jesus Cristo, somos apresentados às histórias da Bíblia, tanto do Antigo quanto do Novo Testamento, que apontam para Ele. Nada é capaz de transformar a vida do homem, a não ser a vida do próprio Cristo operando em nosso interior.

Os princípios bíblicos podem ser belos, mas nenhum deles tem poder contra os apetites da carne; apenas a vida de Cristo absorvendo a nossa própria vida é capaz disso.

Não podemos ser totalmente literais com a Bíblia, nem substituí-la por Jesus Cristo. As Sagradas Escrituras têm seu lugar de autoridade, mas não maior do que a autoridade do Filho de Deus, pois elas testificam dEle — e repito: elas não são Ele.

Nem mesmo o povo judeu contemporâneo faz uma leitura totalmente literal e fundamentalista da Torá. Eles distinguem diferentes níveis de interpretação dos textos sagrados: *Pshat*, que corresponde ao sentido literal; *Remez*, as dicas ou alusões contidas no texto; *Drash* ou *Midrash*, que são as interpretações metafóricas; e *Sód*, que se referem aos segredos ocultos nos textos.

Se nem os judeus, que, em muitos aspectos, são considerados religiosos radicais e zelosos, interpretam suas Escrituras de forma absolutamente literal, por que nós, que herdamos uma cultura judaico-cristã, deveríamos fazê-lo?

Você pode até conhecer a palavra de Deus, mas você conhece o Deus da Palavra? Por isso, Jesus afirma categoricamente: "Permanecei em mim e na minha palavra". Precisamos, em nossos processos, permanecer em duas coisas: Nele e na palavra Dele!

Mais do que frequentar uma igreja, mais do que ler a Bíblia, mais do que obedecer a regras, você precisa decidir imitar e seguir um homem por toda a sua vida: Jesus, o Cristo. Por Ele fomos feitos ministros do Espírito. O velho homem não precisa apenas ser educado biblicamente, precisa ser crucificado com Cristo.

> *"O qual nos habilitou para sermos ministros de uma nova aliança, não da letra, mas do Espírito; porque a letra mata, mas o Espírito vivifica." (2 Coríntios 3.6).*

Jesus não é apenas mais uma página da Bíblia, Ele é a Palavra de Deus que se fez carne, Ele é o *rhema* e não apenas o *grafos*. No início da nossa jornada, é a Bíblia que nos explica Jesus, mas, conforme desenvolvemos comunhão com Ele, compreendemos que é Jesus quem nos explica a Bíblia.

É muito perigoso estar munido da Bíblia sem estar munido de Cristo, pois não somos salvos por sermos leitores assíduos da Escritura, mas porque temos Jesus Cristo. Se assim fosse, um analfabeto estaria automaticamente condenado ao inferno — e isso seria uma heresia. Por isso, a fé não vem pelo ler, e sim pelo ouvir — e ouvir a Palavra *rhema* de Cristo.

ANOTAÇÕES DO MEU PROCESSO

REFLEXÃO PESSOAL

1. Tenho me alimentado da Palavra regularmente?

2. Como aplico o que leio em minha vida diária?

3. A Palavra tem moldado meus pensamentos e atitudes?

> **A PALAVRA DE DEUS MOLDA CORAÇÕES E TRANSFORMA DESTINOS.**

CAPÍTULO 15
PROCESSO DA GRAÇA

Outra forma pela qual nosso Deus pode ministrar seus processos em nós é por meio da graça, pois, assim como a fé, a graça também continua atuando na vida do cristão após a salvação e o novo nascimento. Existe um processo que poucos reconhecem: o processo da graça. Como expressa a frase atribuída a Max Lucado: "Se eu conseguir, vou dar graças. Se eu falhar, vou buscar a Sua graça". A graça de Deus está presente em tudo — inclusive em nossas vidas.

Essa verdade é confirmada nas Escrituras: "Fortifique-se na graça que há em Cristo Jesus". (2 Timóteo 2.1); "É bom que o nosso coração seja fortalecido pela graça". (Hebreus 13.9); e "Cresçam, porém, na graça e no conhecimento de nosso Senhor e Salvador Jesus Cristo" (2 Pedro 3.18). Todas essas afirmações apontam para o processo contínuo de edificação e aperfeiçoamento daqueles e daquelas que já foram salvos.

A graça de Deus não veio por intermédio da pessoa de Cristo porque a Lei fosse ruim ou tivesse algum problema (João 1.16-17). Pelo contrário, a Lei é santa, e os seus mandamentos são justos e bons (Romanos 7.12). O problema nunca foi a Lei, mas sim a incapacidade humana de cumpri-la plenamente. A natureza caída do ser humano não se submete de forma espontânea aos mandamentos e ordenanças divinas. Portanto, ao invés de Deus anular a Lei, Ele resolveu tratar o verdadeiro problema: a nossa incapacidade de obedecer e agradar a Deus.

GRAÇA: CAPACIDADE PARA OBEDIÊNCIA

Nós não estávamos no Éden, mas herdamos a culpa; também não estávamos no Calvário, e herdamos a graça. A Lei não é uma maldição, mas contém uma maldição, a maldição para aqueles que a desobedecem (Deuteronômios 27.11-26; 30.19). Na antiga aliança, a bênção estava condicionada à obediência total à Lei (Deuteronômios 28.1-14; 30; Malaquias 2.2), algo impossível de se cumprir plenamente!

Jesus Cristo não apenas se fez pecado (2 Coríntios 5.21), como também se fez maldição por nós (Gálatas 3.13) e cumpriu toda a Lei (Mateus 5.17). Agora, todo aquele que está em Cristo está inserido na obediência e na justiça dEle (1 Coríntios 9.21; 2 Coríntios 10.9), e por meio de Jesus Cristo recebe toda sorte de bênçãos espirituais (Efésios 1.3) e o sim e o amém de Deus (2 Coríntios 1.20).

A maior definição do que é a graça é que ela veio como força capacitadora, viabilizando a cada pessoa viver e realizar com plenitude aquilo que antes era impossível. Por meio da graça, nossa incapacidade é removida mediante a transformação da nossa natureza (Ezequiel 36.26; 2 Coríntios 5.17; Hebreus 8.8-12). A solução foi o envio de Cristo, que manifestou a Sua graça trocando nosso coração e nossa natureza.

Nossa incapacidade foi resolvida; contudo, a responsabilidade de obedecer permanece — não por obrigação ou medo de condenação, mas por amor. Na nova aliança, a Palavra de Deus continua a exigir obediência, e a desobediência ainda implica em juízo. A diferença é que, agora, a humanidade tem condições de obedecer pelos méritos de Cristo.

A Lei, até certo ponto, pode acorrentar o lobo dentro de você (velha natureza); mas somente a graça é capaz de transformá-lo em uma ovelha, para ser guiada pelo nosso Pastor, Jesus Cristo.

GRAÇA: CAPACIDADE PARA VENCER O PECADO

A verdadeira liberdade do povo de Deus não está na libertação da Lei, mas na libertação do pecado (1 Coríntios 15.56). A maldição é consequência, mas a causa é a velha natureza. Se Deus apenas anulasse a maldição, continuaríamos a pecar sem consequências. Contudo, a obra foi completa: Ele nos deu um novo coração, um novo espírito e uma nova vida (Ezequiel 36.27), por meio da graça, a força suficiente para não pecar ou para não viver na prática do pecado.

A mesma graça que salva o ser humano também o instrui quanto à conduta após a conversão (Tito 2.11-14). Na teologia de John Wesley, ele afirma sobre a força dessa graça como: graça salvífica para a salvação, graça convincente para o arrependimento, graça justificadora e santificadora. Já na teologia de Agostinho, bispo de Hipona, ela se apresenta como: graça preveniente, suficiente, eficiente e cooperante.

Max Lucado escreveu: "A graça é a voz que nos chama a mudar e, assim, dá-nos o poder de sermos bem-sucedidos". No entanto, de forma lamentável, muitos têm anunciado uma graça que apenas cobre os pecados, mas não tem poder para libertar-nos deles.

Em resumo, a graça não é permissão para pecarmos, mas sim a provisão divina para nos libertar do pecado (Romanos 5.20-21; 6.1-2). Tony Cooke afirmou em seu livro *Graça: o DNA de Deus*: "A graça nunca será uma permissão divina para fazer aquilo que é errado. Graça é a capacitação divina para fazer aquilo que é certo". E Charles Swindoll, em *O Despertar da Graça*, escreveu: "A graça desperta, estimula e fortalece a nossa capacidade de vencer o pecado".

GRAÇA: CAPACIDADE MINISTERIAL

Outra característica da graça, pouco mencionada no processo da vida cristã, é a capacitação para a obra do ministério. É graça para pregar (Efésios 3.8), graça como medida repartida por Cristo, para realizarmos as mesmas obras, e obras ainda maiores (Efésios 4.7). Essa passagem também relata os dons ministeriais (Efésios 4.8-11; Romanos 12.6).

O apóstolo Paulo afirma que, pela graça de Deus, ele era o que era e que, também por essa graça, trabalhou mais do que todos — e essa mesma graça fez com que Deus trabalhasse com ele (1 Coríntios 15.10). A graça também nos capacita a servir a Deus de modo agradável (Hebreus 12.28). É inegável que a graça é um recurso essencial e indispensável para o cumprimento da missão divina confiada a cada ser humano.

Portanto, concluímos que o ministério não pode ser cumprido sem a graça divina. Contudo, cabe a cada cristão decidir se irá ou não interagir com o chamado divino e com os recursos celestiais que o acompanham. Se a obra do ministério fosse realizada somente pela graça, sem participação humana, por que Deus seria galardoador? Deus conta com nossa cooperação e deseja nos encorajar e estimular a realizar Sua obra.

Sendo assim:

- *o que não sabemos, a graça nos ensina;*
- *o que não temos, a graça nos dá;*
- *o que não somos, a graça nos torna.*

Muito poderíamos falar sobre a graça, mas existem inúmeras referências bibliográficas sobre este assunto. Não desejo esgotá-lo, mas reforçar que há um processo da graça de Deus em ação neste exato momento em sua vida, se você recebeu o Senhor Jesus Cristo como seu Senhor e Salvador. Essa graça não diz respeito apenas à porta de entrada do céu ou ao início da jornada cristã, mas acompanha toda a nossa caminhada — ou, como afirmou o apóstolo Paulo, toda a nossa carreira da fé.

A graça é muito mais que uma doutrina, muito mais que um conceito teológico ou um assunto a ser dominado. A graça é o poder de Deus atuante e capacitador (Efésios 3.7); a graça é a própria pessoa de Cristo, assim como Ele é a verdade, Ele também é a graça (João 1.17).

Jamais devemos limitar ou reduzir a graça de Deus, pois é por meio dela que o Senhor opera nos processos de nossa vida.

ANOTAÇÕES DO MEU PROCESSO

REFLEXÃO PESSOAL

1. Tenho vivido com a consciência da graça diária?

2. Tenho estendido graça aos outros como recebo de Deus?

3. Onde a graça precisa operar mais fortemente em mim?

> "A GRAÇA NOS ALCANÇA, NOS SUSTENTA E NOS TRANSFORMA."

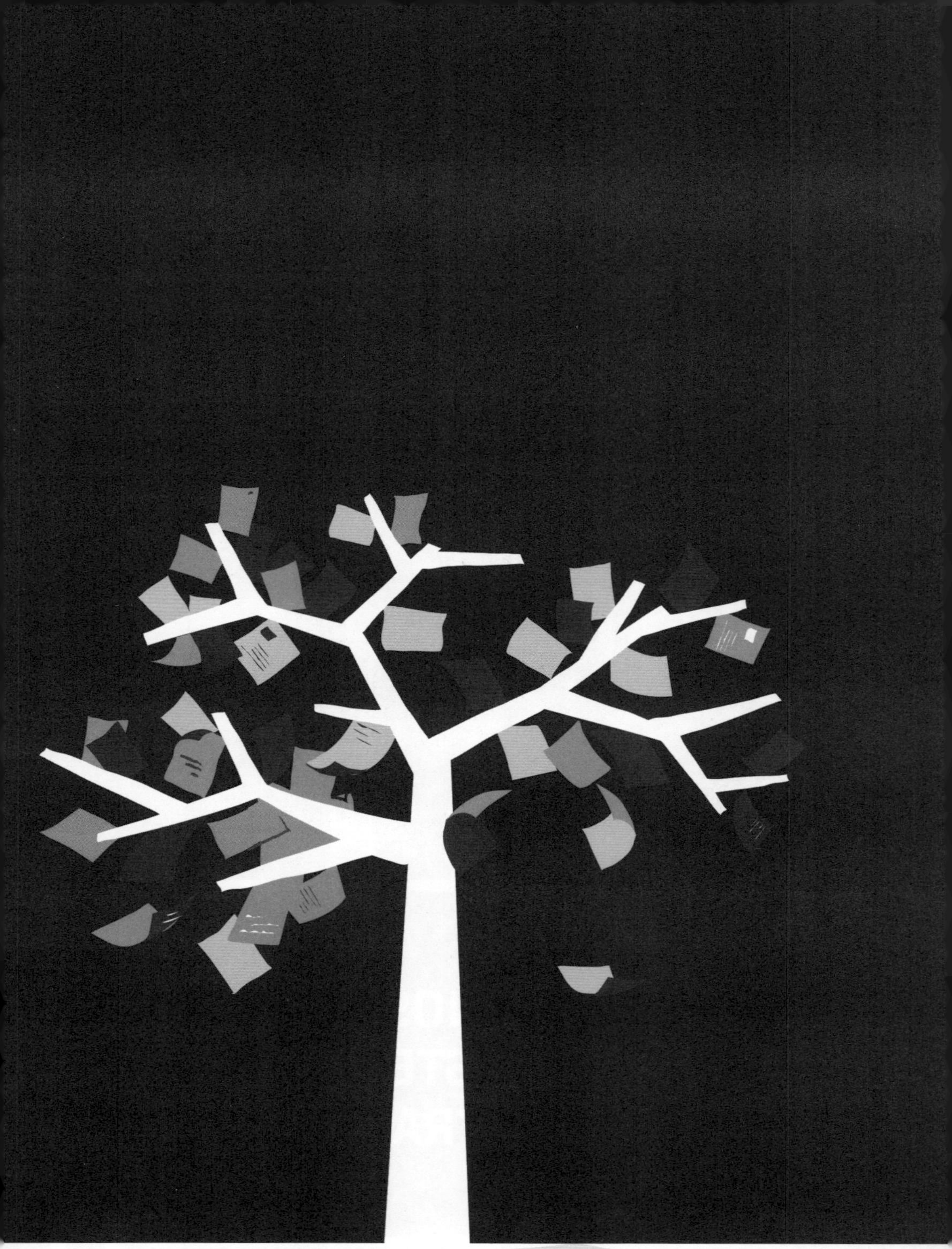

CAPÍTULO 16
PROCESSO DE ESPERA

> *"Porque desde a antiguidade não se ouviu, nem com ouvidos se percebeu, nem com os olhos se viu Deus além de ti, que trabalha para aquele que nele espera." (Isaías 64.4 ARA)*

Não nos damos conta de que, muitas vezes, temos grande dificuldade em esperar, porque vivemos cada vez mais em uma cultura urgente e emergente. Queremos tudo para ontem, tudo feito e pronto. Gastamos muito tempo correndo, mas a maior parte da nossa vida é sobre esperar!

O processo de espera é, antes de tudo, um processo de preparação, como podemos observar nas Escrituras:

- *Jesus esperou trinta anos para iniciar seu ministério;*
- *Abraão, vinte e cinco anos para o cumprimento da promessa;*
- *Moisés, quarenta anos para libertar o povo;*
- *Noé, cem anos para a arca do livramento;*
- *Davi, quinze anos após sua unção como rei, para governar Israel.*

Os exemplos bíblicos citados acima, além de exemplos de espera, são também exemplos de preparação. A unção pode até nos separar, mas é o processo que nos prepara. Muitos acreditam que aqueles e aquelas que esperam são apenas sonhadores, iludidos ou mais um entre tantos que tentam, mas não se dão conta de que são um a menos a desistir. Esperar em um Deus que trabalha é muito mais do que sonhar; é aguardar, com expectativa, a realização de um processo glorioso.

A esperança é o oxigênio que nos mantém vivos. Quem não tem esperança vegeta, não vive. Quem não tem esperança passa os anos de sua existência na masmorra do desespero, acorrentado pelo medo e subjugado pelas algemas da ansiedade. Conhece apenas uma caricatura da vida. A vida verdadeira é marcada pela esperança, uma esperança robusta, que espera até mesmo contra a esperança.

Enquanto esperamos Deus trabalhar em nosso favor, descansamos nEle! Descansar em Deus não é ausência de desafios, nem passividade. Descansar em um Deus que trabalha é ter paz e segurança no meio das adversidades, esforçando-nos para confiar nEle.

Não sei se você já parou para perceber, mas esperança é muito mais do que apenas esperar algo acontecer. Podemos esperar tanto por coisas boas quanto por coisas ruins:

- *Quem espera pelo sol, teme a chuva;*
- *Quem espera sobreviver, teme a morte;*
- *Quem espera a riqueza, teme continuar pobre;*
- *Quem espera ser amado, teme a indiferença.*

A esperança é a expectativa de um bem que se deseja, por isso ela tem muito a contribuir com a felicidade, não existe felicidade sem esperança. O "esperar" é muitas vezes acompanhado por um temor inseparável, ou seja, uma possível infelicidade ou frustração. Por isso, quando alguém afirma que já não há esperança, é como se estivesse dizendo que as chances de uma vida feliz se esvaíram por completo.

Segundo Paulo Freire: "É preciso ter esperança, mas ter esperança do verbo esperançar; porque tem gente que tem esperança do verbo esperar. E esperança do verbo esperar não é esperança, é espera".

Esperançar é se levantar, é ir atrás, é construir, é não desistir! Ou como dizia uma antiga canção: "Vem, vamos embora que esperar não é saber; quem sabe faz a hora, não espera acontecer".

Em Romanos 8.24-25, lemos:

> *"Porque na esperança fomos salvos. Ora, esperança que se vê não é esperança; pois o que alguém vê, como o espera? Mas, se esperamos o que não vemos, com paciência o aguardamos..."*

Nossa esperança não está ligada ao que já vemos, mas ao que esperamos de Deus, mesmo sem ver. E o que não vemos? Não vemos o que é eterno, aquilo que vem de Deus. Se você é humano, você tem esperança. Nossa vida e nossa fala estão constantemente carregadas de esperança:

- *"Espero que não chova";*
- *"Espero que tudo vá bem!";*
- *"Espero que você não esteja bravo comigo."*

A questão não é se temos esperança, mas em que nossa esperança está firmada? A verdade é que todos esperam por algo! E, quando colocamos nossa esperança em alguém ou em alguma coisa, acabamos por exigir dessa pessoa ou coisa algo em troca.

Por isso, creio que se torna pecado esperar de alguém ou de algo aquilo que somente Deus pode nos dar. Da mesma forma, também considero pecado oferecer a alguém ou a algo aquilo que deve ser dado apenas a Deus. Em quem você tem colocado a sua esperança? A que ou a quem você tem atribuído o seu esperar?

Esperar em Deus é um processo de vida, pois uma esperança firme nos torna pessoas decididas, corajosas e resilientes. Por outro lado, uma esperança frágil nos torna indecisos e tímidos. A esperança afeta diretamente nossa mente, influenciando também nossas atitudes e comportamentos — nos movemos conforme aquilo em que esperamos.

Grande parte de nossas esperanças, quando colocadas em coisas transitórias, acaba por nos desapontar. Quando isso acontece, é um sinal claro de que depositamos nossa esperança no lugar errado.

De acordo com as Escrituras, há apenas dois lugares onde podemos depositar nossa esperança: ou a colocamos no Criador, ou a colocamos na criação. Muitas vezes, os processos pelos quais passamos nos conduzem a transferir nossa esperança cada vez mais para as mãos do Criador, pois Ele é o Soberano do universo, o sustentador de todas as coisas, aquele que tem o controle absoluto, glorioso em graça e abundante em amor. Nossa esperança nEle jamais será desapontada ou confundida.

Portanto, a esperança não é a última que morre. É ela que nos mantém vivos, com os olhos fixos na eternidade, capacitando-nos a acreditar no amanhã.

Concluo este capítulo com as palavras que o apóstolo Paulo escreveu à Igreja em Roma, registradas em Romanos

12.12, pois hoje elas se mostram mais vivas e necessárias do que nunca em nossos processos de vida: "Alegrai-vos na esperança, sede pacientes na tribulação, perseverai na oração".

Não importa o que você esteja enfrentando ou qual problema esteja atravessando: espere confiantemente no Senhor, pois Ele ouvirá o seu clamor (Salmos 40.1-3). Não desista. Não retroceda. Não abandone o seu processo nem o processo que Deus tem para você.

"Espera pelo Senhor, tem bom ânimo, e fortifique-se o teu coração; espera, pois, pelo Senhor." (Salmo 27.14)

ANOTAÇÕES DO MEU PROCESSO

REFLEXÃO PESSOAL

1. Minha espera em Deus tem sido confiante e paciente?

2. O que Deus está me ensinando no tempo de espera?

3. Como posso crescer enquanto aguardo o agir de Deus?

> **ESPERAR EM DEUS FORTALECE A FÉ E GERA MATURIDADE.**

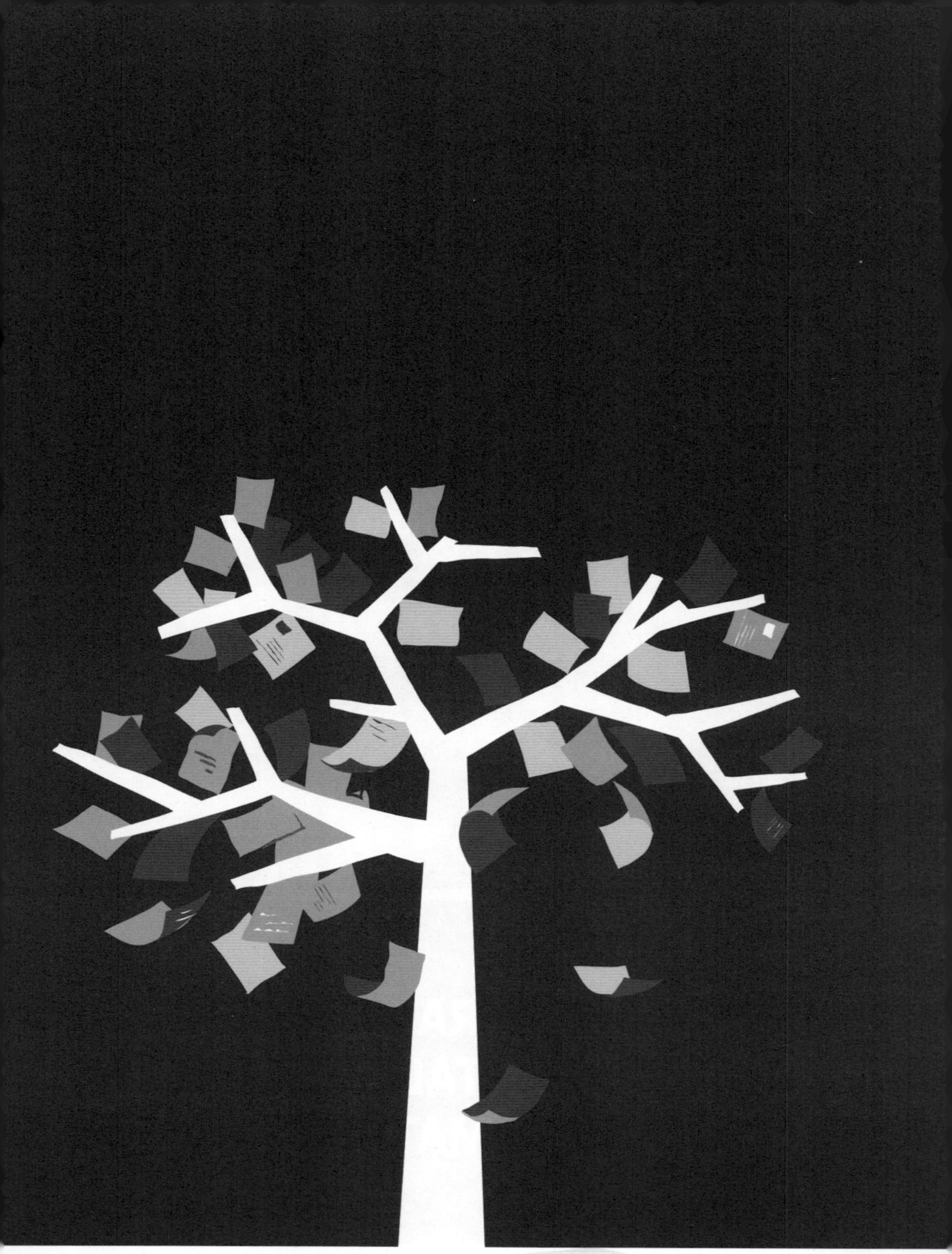

CAPÍTULO 17

PROCESSO DOS SONHOS

"O inimigo vem senão para roubar, matar, e destruir..." (João 10.10)

No processo de nossos sonhos, assim como no processo de espera, enquanto Deus trabalha, nós descansamos; enquanto Deus descansa, nós trabalhamos!

Embora o contexto do capítulo 10 do Evangelho de João trate o inimigo como o mercenário religioso, nosso imaginário cultural costuma associá-lo ao Diabo — o inimigo de nossas almas. Isso porque o Diabo tenta aniquilar nossa vida aniquilando nossos sonhos.

Muitas vezes acreditamos que o inimigo deseja apenas roubar nossos bens materiais, como o emprego, o carro, o salário, a saúde, entre outros. No entanto, precisamos estar atentos àquilo que dá origem a tudo isso: os nossos sonhos. Tudo começa com os sonhos. O inimigo tem manipulado os nossos desejos de sonhar.

- *Crianças – Sempre foi comum ver crianças sonhando com o que seriam ou fariam quando crescessem: sonhavam em ser como os pais, em se tornar super-heróis, entre outros. Hoje em dia, vemos crianças que não sorriem mais, que não brincam, que não têm liberdade, que não se divertem, tentando ser adultas antes do tempo.* CRIANÇAS QUE NÃO SONHAM!

- *Jovens – Sempre foi comum ver jovens sonhando com o emprego ideal, com o casamento perfeito, com uma lua de mel inesquecível, com alguém especial etc. Hoje em dia, vemos jovens abatidos, cansados, sem ânimo, sem direção, sem expectativas.* JOVENS QUE NÃO SONHAM!

- *Adultos – Sempre foi comum ver adultos sonhando com o futuro dos filhos, com grandes realizações, com um casamento estável, com uma carreira de sucesso etc. Hoje em dia, vemos casais e famílias abatidos, sem perspectiva e sem vontade de olhar para frente, vivendo um desajuste emocional, sentimental e espiritual.* PESSOAS QUE NÃO SONHAM!

Entendemos que o inimigo sempre investirá tempo tentando destruir nossos sonhos. Alguns serão roubados, outros mortos, e muitos completamente destruídos. ENTRETANTO, SABEMOS QUE O PODER DE DEUS É CAPAZ DE RESTITUIR O QUE FOI ROUBADO, RESSUSCITAR O QUE FOI MORTO E RESTAURAR O QUE FOI DESTRUÍDO.

Ao olharmos para um cemitério, o que podemos observar? Normalmente, vemos um lugar apavorante: morte, túmulos, cadáveres, mau cheiro, entre outros aspectos sombrios.

Mas Jesus vê sonhos de Deus que foram enterrados! Em João 11.25, lemos: "Disse-lhe Jesus: Eu sou a ressurreição e a vida; quem crê em mim, ainda que esteja mor-

SE DEUS TE DEU UM SONHO, É PORQUE PODES REALIZÁ-LO.

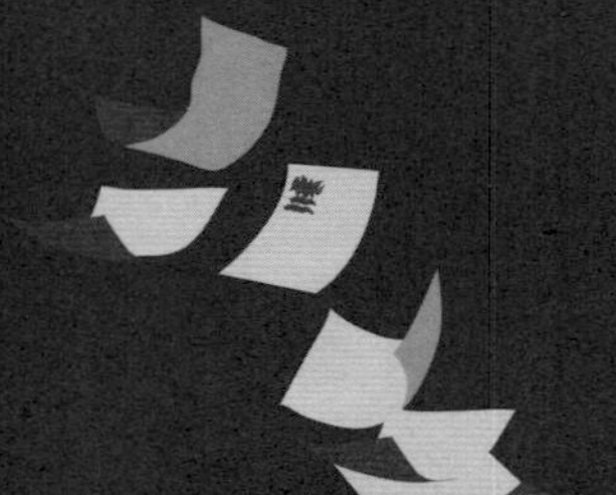

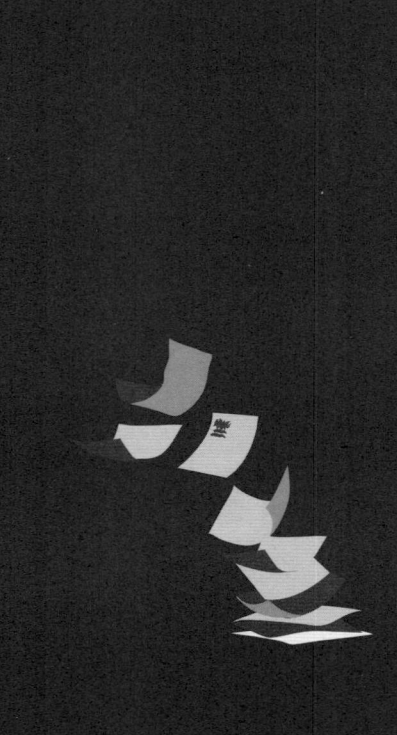

to, viverá...". Nesta passagem, podemos aprender sobre o poderoso processo de restauração de sonhos. Sonhe alto, sonhe grande, pois o Deus Altíssimo é poderoso para realizá-los, desde que seus sonhos estejam alinhados com os dEle. Deus é fiel para cumprir o que prometeu.

JESUS RESTAURA NOSSOS SONHOS, RESTAURANDO NOSSAS VIDAS

O texto citado mostra a forma como Jesus restaura e ressuscita a vida de Lázaro, e assim também Ele restaurará hoje os seus sonhos, os sonhos da sua família e, certamente, os sonhos de Deus. VOCÊ É FRUTO DO SONHO DE DEUS, E O SONHO DE DEUS NÃO PODE MORRER.

- *Não perca a esperança – (João 11.21; e 32) Marta e Maria têm a mesma reação ao perceberem que Jesus não veio quando foi chamado. Ambas demonstram "desesperança" e incredulidade, como se nada mais pudesse ser feito. A incredulidade é uma grande inimiga da esperança. Quando as coisas saírem do seu controle ou não acontecerem no seu tempo, não perca a esperança. Em tempos de dificuldade (crises), não deixe Satanás fechar a porta do teu coração, pois o milagre de Deus passa por ela. Uma pessoa com esperança não pode ser derrotada, e seus sonhos não podem ser roubados!*
- *Jesus se importa com seus sonhos – (João 11.35) Ao ver o sepulcro de Lázaro, Jesus chorou, pois sabia que ali estavam sepultados também os sonhos de Marta e Maria, os sonhos daquela família. Do mesmo modo, Jesus chora quando os sonhos do Pai não*

se realizam em nós e em nossas famílias. Jesus se importa e age para que seu sonho não seja morto!

- *Ele é capaz de restaurá-los – (João 11.39; e 43) Nestes versículos, observamos um quadro de total destruição: Lázaro estava morto havia quatro dias e já cheirava mal. Havia destruição em vários aspectos — sentimental, emocional, espiritual —, a ponto de Marta e Maria nem sequer desejarem mexer com o corpo. Mas Jesus, ao chamá-lo para fora, mostra Seu poder restaurador e, com ele, traz de volta os sonhos. Ainda que tudo pareça destruído e sepultado, morto em sua vida, hoje Ele te chama para uma vida abundante.*

Concluo dizendo: quando Lázaro morreu, morreram com ele seus planos e os sonhos de Deus para a sua vida. Ele dormia e acordou para realizar sonhos (v.11). Seus sonhos foram ressuscitados junto com ele. Deus está despertando pessoas para sonhar e ir mais alto; Ele está chamando para sonhar e ir mais alto. Quem para de sonhar perde a razão de existir. Continue sonhando, pois Deus pode realizar seus sonhos. Se Deus te deu um sonho, é porque você pode realizá-lo.

Deixe que os sonhos de Deus — e não os ressentimentos ou remorsos — controlem sua vida. Assim, outras pessoas verão que, em sua vida, existe um Deus que não apenas ressuscita vidas, mas também sonhos!

Entrega o teu caminho, entrega os teus sonhos a Deus, confia nEle, e o mais Ele fará (Salmo 37.5). No processo de Deus em sua vida, não permita que os sonhos que Ele plantou em seu coração morram. Não use Deus para realizar seus sonhos — deixe Deus te usar para realizar os sonhos dEle em você!

ANOTAÇÕES DO MEU PROCESSO

REFLEXÃO PESSOAL

1. Meus sonhos estão alinhados com a vontade de Deus?

2. Tenho fé para continuar sonhando apesar das dificuldades?

3. Como posso cooperar com Deus para realizar esses sonhos?

> **DEUS REALIZA SONHOS ALINHADOS AO SEU PROPÓSITO ETERNO.**

CAPÍTULO 18
PROCESSO DO PECADO

"O aguilhão da morte é o pecado, e a força do pecado é a lei." (1 Coríntios 15.56)

Vivemos em uma geração que tem sido conduzida por quatro grandes enganos que facilitam a ação do pecado em nossos dias: siga o seu coração, você pode qualquer coisa que quiser, confie nos seus sentimentos, faça o que te faz feliz. Esses têm sido os pensamentos que regem nossa sociedade atual. No entanto, essa mesma geração não tolera um Deus que não tolera tudo — inclusive o pecado.

A porta estreita, mencionada por Jesus nas Escrituras, revela que não é para que todos não passem, mas para que nem tudo passe. Nem tudo é compatível com o estilo de vida de quem foi salvo por Jesus. Deus não aceita tudo, Deus não é conivente com o pecado. John Wesley certa vez afirmou: "O que uma geração tolera, a próxima abraçará". Se nossa geração tolerar o pecado e o considerar comum, a próxima geração o viverá como norma.

Quando falamos que Deus odeia o pecado (Provérbios 6.16), é importante exemplificar: o pecado é mais odioso do que o próprio diabo, pois Deus odeia o diabo por causa do pecado, e não o pecado por causa do diabo. O primeiro pecado não aconteceu no Éden, mas quando o diabo desejou ser maior (pois Deus criou um anjo de luz e a soberba deste anjo o tornou em diabo). O primeiro pecado da humanidade, sim, foi no Éden, quando Eva e Adão quiseram ser iguais a Deus.

Como afirma Paulo Borges Jr.: "O pecado entrou no mundo quando o homem comeu e depois repartiu. A salvação se revelou quando Cristo repartiu o pão e então comeu".

E como escreveu Jonathan Edwards: "A terra é o único inferno que os cristãos irão suportar, e o único paraíso que os descrentes irão desfrutar". Porque, de fato, o pecado tem consequências.

NÃO CONFUNDA AS COISAS

Em nossa geração, o pecado tornou-se algo habitual, comum e rotineiro. Pode até ser assim nos dias atuais, mas continuará sendo pecado. Não é a cultura ou a moda que define o que é ou não é pecado — é a Lei de Deus que nos revela com clareza o que é transgressão.

Neste mundo, tudo pode estar em constante mudança, avanço e evolução, mas a Palavra de Deus permanecerá para sempre (Mateus 24.35; 1 Pedro 1.25). O que se tornou comum para este mundo não deve ser considerado normal por aqueles que amam a Deus.

Podemos nos confundir ao pensar que é possível tolerar o pecado simplesmente porque Jesus se sentou e comeu com pecadores. No entanto, Jesus nunca pecou com eles! Muitas vezes afirmamos que Deus ama o pecador e odeia o pecado, quando, para alguns pensadores reformados, a

Bíblia diz que Deus odeia o pecado e condena o pecador ao inferno (cf. Salmo 5.5), enfatizando que a ira de Deus não é só sobre o pecado, mas também sobre aqueles que o comentem. O fato é que, como wesleyanos, podemos afirmar que Deus ama todos os seres humanos, inclusive os pecadores antes de qualquer arrependimento, isso é graça preveniente; O pecado é odiado e abominado por Deus (cf. Provérbios 6.16), não sendo conivente nem permissivo a ele, contudo o pecador é alvo do seu amor redentor mesmo estando em rebelião. Portanto não se odeie porque você ama o pecado. Isso é legalismo! Odeie seu pecado porque você ama a Deus. Isso é santidade!

O seu maior e verdadeiro problema não são os pecados dos outros contra você, como frequentemente pensamos, mas os seus próprios pecados contra Deus. O problema hoje não é a presença do diabo ou das trevas, mas sim a ausência de cristãos autênticos, que sejam verdadeiras luzes neste mundo.

Boa parte dessa responsabilidade recai sobre a falta de um discipulado bíblico autêntico.

O que tenho aprendido sobre o processo de legitimação do pecado é que: primeiro, você o comete; segundo, racionaliza; terceiro, o defende; e logo estará se gabando dele. Não se engane: você pode cantar em pecado, pregar em pecado, profetizar em pecado, mas não poderá entrar no céu em pecado.

O filósofo Voltaire certa vez disse: "Se quiser saber quem controla você, é só observar a quem você não pode criticar". Se você não conseguir falar mal dos seus próprios erros, não conseguirá abandoná-los nem vencê-los. Não se iluda com os dons. Eles não levam ninguém para o céu. Os dons atraem os homens, mas o caráter atrai a Deus. Não se engane:

- *Abraão mentiu, mas não viveu mentindo;*
- *Jacó enganou, mas não viveu enganando;*
- *Davi adulterou, mas não viveu adulterando.*

Uma coisa é pecar, outra coisa é viver na iniquidade. Não se confunda. Jesus teve algum pecado? Teve: o meu! E eu tenho alguma justiça? Tenho: a dEle! "Aquele que não conheceu pecado, Ele o fez pecado por nós; para que, nEle, fôssemos feitos justiça de Deus" (2 Coríntios 5.21). O versículo afirma que Ele se fez o próprio pecado, a própria maldição — e não um pecador. Ele nunca cometeu pecado, mas carregou o nosso sobre si (1 Pedro 2.22; 1 João 3.5; Isaías 53).

Muitas vezes, o que temos em nossa vida não são "problemas", são pecados mesmo. Então, nunca chame de problema o que a Bíblia chama de pecado.

São Basílio de Cesareia escreveu: "Não é possível tornar o inferno atraente, então o demônio torna atraente o caminho que leva até lá". Nunca se engane: muitos dizem "é melhor estar no inferno com amigos do que no céu com hipócritas", mas não se esqueça de que não haverá amizade no inferno, nem hipócritas no céu.

Como dizia Thomas Watson: "O pecado tem o diabo como pai, a vergonha como companheira e a morte como salário". Cair para aprender a andar não é erro, é processo. Gaguejar para aprender a falar não é erro, é processo.

É necessário identificarmos nossos erros (pecados) e nossos processos. Nossos erros têm nome, e nossos processos têm começo, meio e fim.

NÃO SE ILUDA COM OS DONS, ELES NÃO LEVAM NINGUÉM PARA O CÉU. OS DONS ATRAEM OS HOMENS, MAS O CARÁTER ATRAI A DEUS.

O PECADO FOI RESOLVIDO

A ira de Deus nunca é contra as pessoas, mas sim contra a natureza pecaminosa que as afastou dEle. Sua ira nunca foi contra o desobediente, e sim contra a natureza caída que o rege. Porque o pecado não é apenas uma ação, mas sim uma natureza.

Biblicamente, existe uma diferença entre pecado (singular) e pecados (plural). Quando a Bíblia fala sobre vencer o "pecado", essa foi uma incumbência e obra de Jesus Cristo na cruz. Mas, quando a Bíblia nos fala sobre vencer os pecados, essa é uma tarefa relacionada à obra do fruto do Espírito em nós, como herança de Jesus para cada um dos salvos nEle.

O pecado original é uma natureza herdada do primeiro Adão. Já os pecados são reflexos ou resquícios dessa natureza, e também são conhecidos como obras da carne. Jesus Cristo já resolveu, repito, já resolveu o problema do pecado como natureza. Por meio dEle, já fomos libertos da lei do pecado e da morte! Deus já condenou o pecado, enviando Seu Filho (Romanos 3.21-26).

Podemos, em Jesus Cristo, afirmar que Deus não apenas ama o pecador e abomina o pecado, mas que, por amar o pecador, resolveu o problema do pecado entregando Jesus. E ao resolvê-lo, fez com que cada cristão se torne perdoado: imediatamente, completamente, gratuitamente e repetidamente.

Sempre que criamos padrões ou expectativas elevadas e não bíblicas, nos frustramos e trazemos ao nosso coração o peso de uma falsa culpa. Nem sempre os nossos padrões de bem ou mal, de santo ou pecador, vêm de Deus! Padrões assim nos levam ao esgotamento das emoções.

Viva e espalhe a cultura da graça! O verdadeiro encontro com Jesus produz: o reconhecimento da Sua autoridade, o arrependimento da maldade que existe em nós, uma vida de integridade e um profundo desenvolvimento rumo a uma vida frutífera.

Já dizia Lutero: "O cristão é sempre pecador, sempre arrependido e, por isso, sempre santo".

O juízo ou castigo de Deus foi derramado sobre Jesus Cristo, e aqueles que estão em Cristo não entram em juízo, mas entram no descanso e na herança, por meio da graça, como vimos anteriormente.

Muitos admiram o martírio dos apóstolos, mas não compreendem por que muitos deles morreram de formas ainda mais dolorosas do que a morte de Jesus, e mesmo assim enfrentaram a morte com alegria. Isso acontece porque, enquanto os mártires suportaram a ira dos homens, Jesus Cristo suportou a ira de Deus!

A vitória contra o pecado é pela fé. Somos salvos quando cremos na obra da cruz, em sua substituição e participação. Foi isso que Jesus fez: nos substituiu naquela cruz e nos fez participantes de Sua vitória.

Não vencemos o pecado lutando contra ele; vencemos quando cremos na verdade de que Jesus já lutou por nós e venceu (Hebreus 12.4).

É POSSÍVEL NÃO PECAR!

O significado de pecado é "errar o alvo" (*hamartia*). Jesus Cristo não venceu o pecado para que fôssemos escravos dele; pelo contrário, Ele nos libertou do pecado. O pecado não tem mais poder sobre nós, podemos escolher pecar ou não. Ainda podemos pecar, mas não apenas por vontade; muitas vezes, pecamos por fraqueza, pois nossas escolhas são influenciadas pela carne.

A Bíblia está repleta de afirmações que nos mostram claramente que, quando estamos em Deus, o pecado não tem domínio sobre nós:

- *Domine o pecado que está à porta (Gênesis 4.6);*
- *Não pequeis... (1 João 2.1);*
- *Todo o que está nEle, não vive pecando (1 João 3.6);*
- *Quem é nascido de Deus, não vive na prática do pecado (1 João 3.9).*

Jesus Cristo nos deu a vitória sobre a escravidão do pecado, sobre a força do pecado, e um dia teremos a vitória plena sobre a presença do pecado, pois ele não mais existirá. Devemos transicionar nossa mentalidade de condenados para justificados, pois, depois que Jesus entra em nossa vida, não podemos ser as duas coisas (Romanos 8.1). Assim como existe um processo do pecado que nos conduz à legitimação dos erros, existe também um processo de resolução contra o pecado e suas consequências.

Quando o pecado não mais nos condena, significa que recebemos a justificação; quando o pecado não mais nos governa, significa que recebemos a santificação; e quando o pecado não mais existir em nossas vidas, significa que recebemos a glorificação. Não há pecado algum que você não possa confessar e que o sangue de Jesus não possa tirar, apagar e resolver.

Para evitarmos o pecado, não podemos nos esquecer de duas coisas: a primeira é que tudo o que não provém de fé é pecado (Romanos 14.23b); a segunda é que, para vencermos diariamente o pecado, precisamos de domínio próprio. E domínio próprio não é sobre "Eu não posso", é sobre "Eu não quero". Por isso, prefira andar com Deus e ser julgado pelos homens, do que andar com os homens e ser julgado por Deus.

ANOTAÇÕES DO MEU PROCESSO

REFLEXÃO PESSOAL

1. Tenho reconhecido e confessado meus pecados?

2. O que preciso abandonar para viver em liberdade?

3. Tenho buscado o auxílio do Espírito Santo para vencer?

> "A CONSCIÊNCIA DO PERDÃO NOS CONDUZ À GRAÇA E TRANSFORMAÇÃO."

CAPÍTULO 19

PROCESSO DO ARREPENDIMENTO

> *"Digo-vos que, assim, haverá maior júbilo no céu por um pecador que se arrepende do que por noventa e nove justos que não necessitam de arrependimento." (Lucas 15.7)*

Existe um ensino no meio evangélico segundo o qual o pecador primeiro precisa se arrepender e deixar o pecado para, só depois, receber Cristo e ser salvo. E, após a conversão, ele precisaria se arrepender antes de ter seu pecado perdoado. Isso pode parecer piedoso e até zeloso, mas é um erro que faz com que a salvação pareça ser pelas obras, e não pela graça mediante a fé. Nas palavras de John MacArthur: "Quando um pecador se arrepende, há festa no céu. Esta festa não é em honra ao pecador, mas em honra ao Salvador", pois a salvação e a graça são obras de Jesus Cristo, e não da profundidade do nosso arrependimento.

Precisamos ser firmes ao afirmar que a salvação é somente pela fé, não pela fé mais obras da Lei ou boas ações. O arrependimento, de fato, é um ensino bíblico, mas, quando colocado como uma condição para a salvação, pode tornar-se um equívoco teológico.

Em toda a Bíblia, há apenas um livro que nos mostra claramente como receber a vida eterna, o Evangelho de João. E o mais impressionante é que, em todo o Evangelho de João, não encontramos nenhuma menção à palavra "arrependimento".

QUANTAS VEZES DEVEMOS NOS ARREPENDER?

A palavra arrependimento vem do grego *metanoia*, que significa, literalmente, "mudança de mente" ou "mudança de ideia". Na Bíblia, arrependimento não é, em primeiro lugar, mudança de conduta, mas sim uma transformação da mente. O verdadeiro arrependimento é, portanto, uma mudança radical de entendimento, uma nova maneira de pensar.

Quando renovamos a mente com a Palavra de Deus, estamos nos arrependendo. Isso implica não em uma vida de arrependimentos repetidos, mas em uma vida de constante humildade e quebrantamento diante de Deus.

Costumamos associar arrependimento à tristeza e dor pelo pecado sempre que falhamos. No entanto, é possível sentir tristeza e até remorso sem haver, de fato, mudança de mente. Por outro lado, é perfeitamente possível mudar de ideia e experimentar alegria nesse processo.

O equívoco está em associar arrependimento exclusivamente à renúncia do pecado e à decisão de viver de forma correta. Se fosse apenas isso, a palavra não poderia ser aplicada a Deus. Entretanto, no Antigo Testamento, vemos que Deus se arrependeu em diversas ocasiões, ou seja, mudou de ideia diante de certas circunstâncias (cf. Êxodo 32.14; 2 Samuel 24.16). Das quarenta e seis menções da palavra "arrependimento" no Antigo Testamento, trinta e sete referem-se a Deus e apenas nove ao homem.

Assim, o arrependimento bíblico não é, essencialmente, arrependimento do pecado, mas uma mudança de opinião — a respeito de si mesmo e de Deus.

O profeta João pregava o arrependimento para remissão dos pecados. No entanto, o ensino de João Batista ainda estava inserido no contexto da antiga aliança (Marcos 1.4-5). João foi o último profeta da Lei e da antiga aliança (Lucas 16.16). Já Jesus, por sua vez, pregava o arrependimento com o objetivo de levar as pessoas a crerem no Evangelho. O Senhor estava mostrando que era necessário mudar a forma de pensar a respeito dEle e crer que Ele era o Messias. Este era o Evangelho no qual deviam crer (Marcos 1.14-15).

O arrependimento pode, sim, envolver tristeza segundo Deus pelos pecados, mas vai além disso: é uma transformação de mente, uma mudança de opinião sobre si mesmo e sobre Deus. "Porque a tristeza segundo Deus produz arrependimento para a salvação, que a ninguém traz pesar; mas a tristeza do mundo produz morte" (2 Coríntios 7.10).

Em relação a Deus, o arrependimento consiste em reconhecer o Seu amor. Ele já nos amava mesmo quando vivíamos no pecado e blasfemávamos contra Ele. O arrependimento na nova aliança está mais relacionado a mudar a mente para crer em Jesus Cristo e em Sua obra consumada do que ao simples reconhecimento de falhas: "Testificando tanto a judeus como a gregos o arrependimento para com Deus e a fé em nosso Senhor Jesus Cristo" (Atos 20.21).

Quanto a nós, no contexto da nova aliança, o arrependimento significa renunciar à justiça própria. É um arrependimento das obras mortas: "Por isso, pondo de parte os princípios elementares da doutrina de Cristo, deixemo-nos levar para o que é perfeito, não lançando, de novo, a base do arrependimento de obras mortas e da fé em Deus" (Hebreus 6.1).

Martinho Lutero, fazendo eco ao que o apóstolo Paulo escreveu em 2 Coríntios 5.21, declarou: "Senhor, tu és o meu pecado na cruz, e eu sou a tua justiça na terra". Não se trata de uma justiça humana, seja ela meritória ou vingativa, mas da justiça de quem foi justificado pelo sangue do Cordeiro.

A BONDADE DE DEUS

O que a bondade de Deus tem a ver com o arrependimento? É a bondade de Deus que nos conduz ao arrependimento! "Ou desprezas a riqueza da sua bondade, e tolerância, e longanimidade, ignorando que a bondade de Deus é que te conduz ao arrependimento?" (Romanos 2.4)

No Antigo Testamento, os ninivitas se arrependeram porque Jonas anunciou que a cidade seria destruída em três dias. Mas, no Novo Testamento, na nova aliança, é a bondade de Deus que nos conduz ao arrependimento. Na antiga aliança, era necessário se arrepender primeiro para então receber a bênção de Deus. Na nova aliança, experimentamos primeiro o amor de Deus e, então, nos arrependemos, porque o amor de Deus nos constrange.

Sim, é isso mesmo! Embora alguns relutem em aceitar, talvez por parecer simples ou fácil demais, o verdadeiro arrependimento — que é a mudança de mente — ocorre quando compreendemos o amor e a graça de Deus. Não devemos mais conduzir pessoas ao arrependimento ou ao serviço a Jesus por meio de ameaças ou medos. É fato que o inferno existe, mas fomos chamados a pregar as boas-novas do céu.

Após a consumação da cruz, não utilizamos mais o medo ou a manipulação como estratégias para fazer as pessoas mudarem. Pelo contrário, Ele quer nos revelar Seu amor, Sua bondade e Sua imensa graça. Quando você entende verdadeiramente o amor de Deus, isso gera uma transformação profunda em sua vida. Viver com medo da punição pode até alterar temporariamente o comportamento, mas não tem o poder de renovar completamente a mente.

A própria psicopedagogia ensina que aprendemos e retemos melhor o conhecimento quando ele é mediado pela afetividade. Afinal, Deus não quer pessoas no céu apenas porque escolheram o céu como fuga do inferno, mas porque O amam, desejam Sua presença e reconhecem que Ele é o próprio amor.

O pecado só ganha espaço quando perdemos Deus de vista. Se mantivermos nossos olhos nEle, nada mais ocupará o lugar que só Lhe pertence. Precisamos viver tão maravilhados com o Senhor que qualquer outra coisa se torne irrelevante. O arrependimento contínuo e o coração quebrantado são frutos dessa contemplação.

ANOTAÇÕES DO MEU PROCESSO

REFLEXÃO PESSOAL

1. Tenho mantido um coração sensível e quebrantado?

2. Qual área da minha vida precisa de verdadeira mudança?

3. Tenho buscado crescer em santidade diariamente?

> **ARREPENDIMENTO GENUÍNO ABRE CAMINHO PARA UMA NOVA VIDA.**

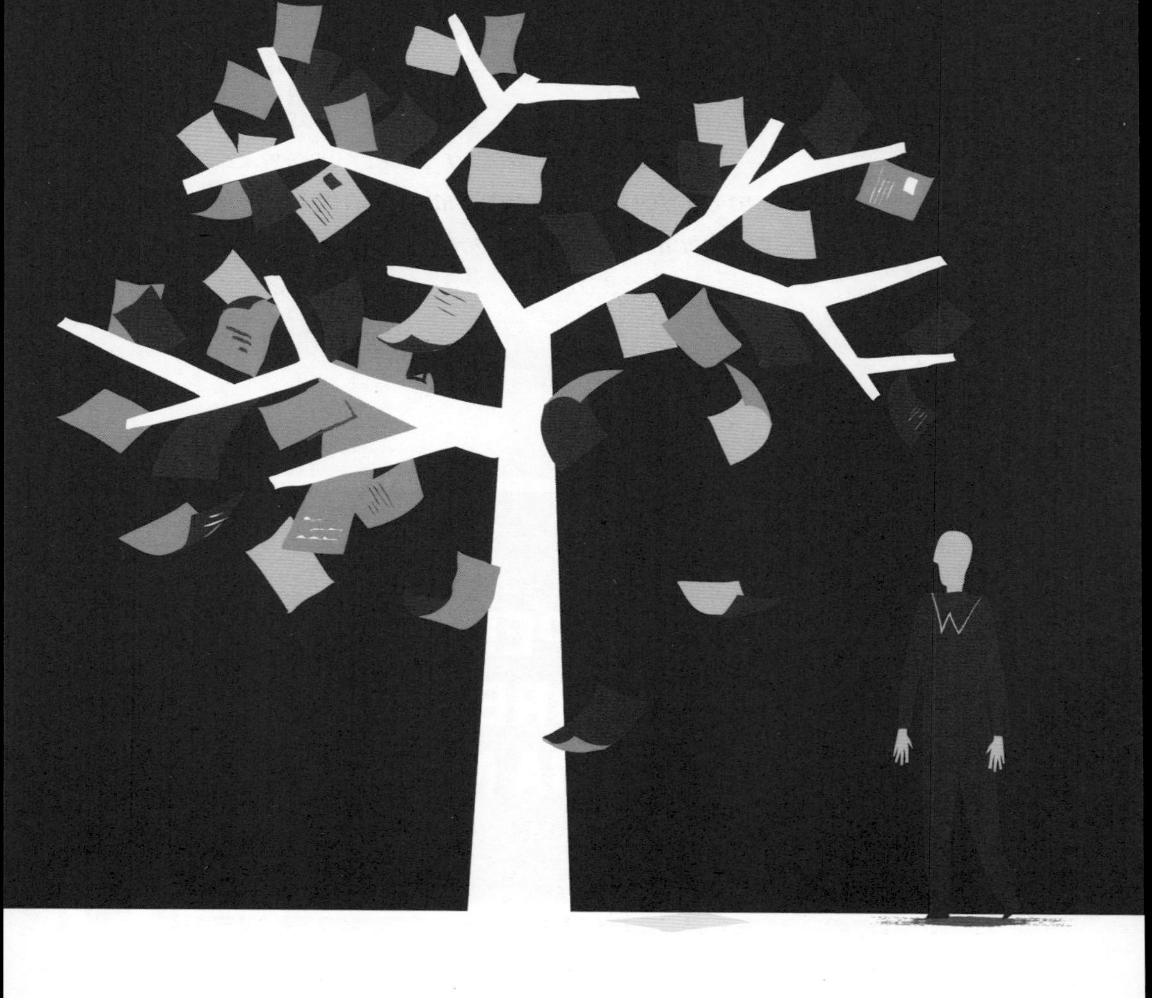

CAPÍTULO 20

PROCESSO DE MATURIDADE

> *"Quando eu era menino, falava como menino, sentia como menino, pensava como menino; quando cheguei a ser homem, desisti das coisas próprias de menino. Porque, agora, vemos como em espelho, obscuramente; então, veremos face a face. Agora, conheço em parte; então, conhecerei como também sou conhecido. Agora, pois, permanecem a fé, a esperança e o amor, estes três; porém o maior destes é o amor." (1 Coríntios 13.11-13)*

Você sabia que existe uma grande diferença entre religiosidade e maturidade? Muitas pessoas acreditam que, pelo simples fato de estarem há anos dentro de uma religião, isso lhes garante maturidade espiritual. No entanto, anos frequentando uma igreja garantem apenas uma vida religiosa, não necessariamente uma vida espiritualmente madura.

Como costumam dizer: "Se você viver anos dentro de uma garagem, isso não te transforma em um carro; se você morar anos dentro de um McDonald's, isso não te faz um hambúrguer". Da mesma forma, viver anos na igreja não te torna, por si só, um cristão maduro — apenas um religioso.

Ser religioso pode até ter suas vantagens, mas sua maior desvantagem é que religiosidade e maturidade são coisas distintas. A religiosidade te transforma em um cumpridor de ritos; a maturidade, por outro lado, te torna cada vez mais semelhante a Cristo, concedendo uma consciência elevada, ou, como podemos chamar, uma consciência "crística" (1 Coríntios 2.16). Ou seja, menos infantilidade religiosa e mais maturidade como verdadeiro filho ou filha de Deus.

Em Romanos 8.19, a Bíblia destaca: "A ardente expectativa da criação aguarda a revelação dos filhos de Deus". A palavra "filho" aqui, em destaque na carta de Paulo, no original grego é *Huiós*, que significa literalmente "filho maduro". Filhos maduros são sinônimo de uma Igreja madura, pois o mundo ao nosso redor não espera a manifestação de uma religião, mas a manifestação do Pai através de filhos e filhas maduros, ou seja, sua família e embaixada aqui na Terra.

Talvez você que está lendo este capítulo esteja se perguntando: "Qual é a diferença entre uma criança e um adulto?". A resposta é simples: o apóstolo Paulo, no texto aos Coríntios, escreve que, quando era menino, falava como menino (do gr. *Nephios*), mesma palavra utilizada em Efésios 4.14, onde exorta a não sermos como meninos (nephios) agitados...

Essa palavra também pode ser compreendida como "infantil", e a principal diferença está no fato de que uma pessoa infantil só sabe pensar em si mesma, suas palavras-chave são "eu" e "meu". Já uma pessoa madura não coloca a si mesma como centro, mas pensa naquilo que é comum a todos, sua palavra-chave é "nosso". Assim como Jesus, o primogênito entre os filhos maduros, nos ensinou: "Pai nosso"; "Pão nosso"; "Perdoa-nos"...

Enfim, um filho maduro não vive apenas para si, mas para fazer a vontade do Pai, em benefício do propósito eterno, sustentado por três virtudes: fé, esperança e amor.

O que filhos e filhas maduros fazem? O que uma igreja madura faz? Vivem, espalham e anunciam a fé, a esperança e o amor. Mas não qualquer tipo de amor, trata-se de um amor absoluto, acima de preferências, sentimentos e emoções. Esse amor absoluto é o próprio Deus em sua essência. Mas, para que isso aconteça, faz-se necessário vivermos um processo de maturidade.

CONHECER A DEUS

O profeta Oséias, no capítulo 6, versículo 3, de seu livro, declara: "Conheçamos e prossigamos em conhecer ao Senhor". Conhecer exige um processo inicial de interesse, mas também de continuidade, por isso, o "prosseguir". A Deus não se conhece apenas pelo desejo de conhecê-Lo, mas pelo empenho em continuar buscando conhecê-Lo, acompanhando-O e andando com Ele.

Assim como Enoque, que andou com Deus e foi tomado por Ele (Gênesis 5.24), andar com Deus é conhecê-Lo! A intimidade com Deus é construída em uma caminhada relacional e constante, e não apenas em encontros esporádicos.

Quando o profeta fala em conhecimento, está se referindo à intimidade! Oséias se casa com uma prostituta para ilustrar ao povo que eles estavam sendo adúlteros em seu relacionamento com Deus — mantendo um compromisso superficial e instável.

Não há verdadeiro conhecimento de Deus sem o processo de "prosseguir", de continuar e até insistir em conhecê-lo e buscá-lo (Oséias 5.15).

FAZER JESUS CONHECIDO

Em Romanos 10.13-17, Paulo escreve que a fé vem pela pregação, pela palavra de Cristo, portanto, é imprescindível que Cristo seja conhecido! O mesmo profeta Oséias, citado anteriormente, declara em Oséias 4.6: "O meu povo está sendo destruído porque lhe falta o conhecimento".

Há duas formas de fazer Jesus conhecido: primeiro, através da evangelização — "E disse-lhes: Ide por todo o mundo e pregai o evangelho a toda criatura" (Marcos 16.15); e segundo, por meio do discipulado — "Ide, portanto, fazei discípulos de todas as nações, batizando-os em nome do Pai, e do Filho, e do Espírito Santo; ensinando-os a guardar todas as coisas que vos tenho ordenado" (Mateus 28.18-20).

Só conseguiremos fazer isso agora, neste tempo e por meio de nossas vidas. Pregar o Evangelho e fazer discípulos são missões que não poderemos realizar nem no céu, nem no inferno, apenas aqui e agora. Não teremos outra oportunidade de falar e viver Cristo senão no tempo presente. O momento é agora!

Um ímpio precisa nascer de novo, mas um cristão precisa se converter diariamente — "se o meu povo" se converter dos seus maus caminhos dia após dia (2 Crônicas 7.14). Por isso, fale de Cristo — se necessário, use palavras. Fale de Cristo apenas quando lhe perguntarem, mas viva de tal forma que perguntem sobre Ele o tempo todo.

SER CONHECIDO POR JESUS

Muitos desejam ser conhecidos aqui na Terra, outros temem ser conhecidos no inferno, mas poucos se preocupam em serem conhecidos nos céus. Conhecer Jesus e fazê-Lo conhecido não deve ser um fim em si mesmo. É igualmente essencial sermos conhecidos por Ele.

A Bíblia é clara ao afirmar que é possível conhecer Jesus, falar sobre Ele, realizar obras em Seu nome, e ainda assim não ser reconhecido por Ele. Em Mateus 7.22-23, lemos: "Muitos, naquele dia, hão de dizer-me: Senhor, Senhor, porventura não temos profetizado em teu nome? E em teu nome não expelimos demônios? E em teu nome não fizemos muitos milagres? Então lhes direi explicitamente: nunca vos conheci. Apartai-vos de mim, os que praticais a iniquidade".

Outro exemplo está na parábola das dez virgens, em Mateus 25.1-13. Todas tinham lâmpadas, azeite e fogo. No entanto, após o fechamento da porta, nem todas foram reconhecidas pelo noivo. Isso nos mostra que possuir aparência e até sinais de religiosidade não é suficiente se não há relacionamento e intimidade genuína com Cristo.

Devemos viver de tal forma que sejamos reconhecidos por Jesus, como um pastor que conhece suas ovelhas e cujas ovelhas conhecem a voz do seu pastor. Esse é o verdadeiro relacionamento com Deus.

Vivemos em uma era de engajamento digital e social, onde muitos buscam sucesso, status e seguidores, desejando ser conhecidos pelas pessoas no ambiente virtual, no metaverso. Contudo, há quem não seja conhecido nos céus, nem por Jesus. Pior ainda, existem aqueles que são reconhecidos apenas no mundo espiritual maligno, como vemos em Atos 19.15: "Jesus eu conheço, Paulo eu sei quem é; mas vós, quem sois?".

O apóstolo Paulo tinha plena consciência de que precisava conhecer a Deus assim como Jesus o conhecia. Ele sabia que ser conhecido por Cristo era essencial. Não precisamos ser uma igreja apenas "vintage", moderna ou popular. Precisamos ser uma igreja madura, uma igreja que Jesus conhece! Não amadurecemos só porque conhecemos a Bíblia, mas porque somos absorvidos por Cristo, sem uma igreja madura Cristo não pode ser visto.

Assim como Jesus conhecia profundamente as igrejas do Apocalipse, Ele também deseja conhecer intimamente cada um de nós. "Conheço as tuas obras"; "Conheço a tua tribulação"; "Conheço o lugar onde habitas" (Apocalipse 2.13; 2.19; 3.1; 3.8; 3.15). Que sejamos pessoas e uma comunidade que Jesus Cristo conheça muito bem!

Na sabedoria humana e filosófica, maturidade é: trocar intensidade por constância, aparência por essência, corpo por alma, ansiedade por calma, rancor por amor, exigência por doação e saber que o silêncio pode ser resposta.

Agora, a verdadeira maturidade bíblica tem origem na obra completa de Cristo em nosso espírito. Enquanto a salvação é a provisão de Deus para a humanidade em Jesus Cristo, a maturidade é a provisão de Deus para o Seu propósito eterno.

Na sabedoria bíblica, maturidade é:

- *Estar perfeito em Cristo (Colossenses 1.28);*
- *Estar pleno de Cristo (Colossenses 3.11; 1 Coríntios 15.38);*
- *Ter Cristo formado em nós (Gálatas 4.19).*

Ser maduro é assumir ser semelhante a Jesus Cristo (1 João 4.17), pois a Bíblia não nos convida a sermos nós mesmos; nossa autenticidade está em Cristo! Ele é o modelo e o padrão. Sendo assim, um cristão não pode justificar seu comportamento dizendo: "este é o meu jeito e pronto!". Você foi chamado para ser do jeito de Cristo, não do seu próprio jeito.

Seremos nós mesmos à medida que nos identificamos com o Filho maduro, Jesus Cristo. Nunca amadureceremos apenas porque frequentamos a igreja e lemos a Bíblia, mas porque somos absorvidos por Cristo. E, sem uma igreja madura, Cristo não será visto.

A maturidade em Cristo não se mede pelo quanto sabemos, mas por como tratamos uns aos outros, como Cristo trataria.

ANOTAÇÕES DO MEU PROCESSO

REFLEXÃO PESSOAL

1. Minha vida reflete mais maturidade do que antes?

2. Em que áreas preciso amadurecer como cristão?

3. Como posso ajudar outros a crescerem na fé?

> **A MATURIDADE CRISTÃ REFLETE A VIDA DE CRISTO EM NÓS.**

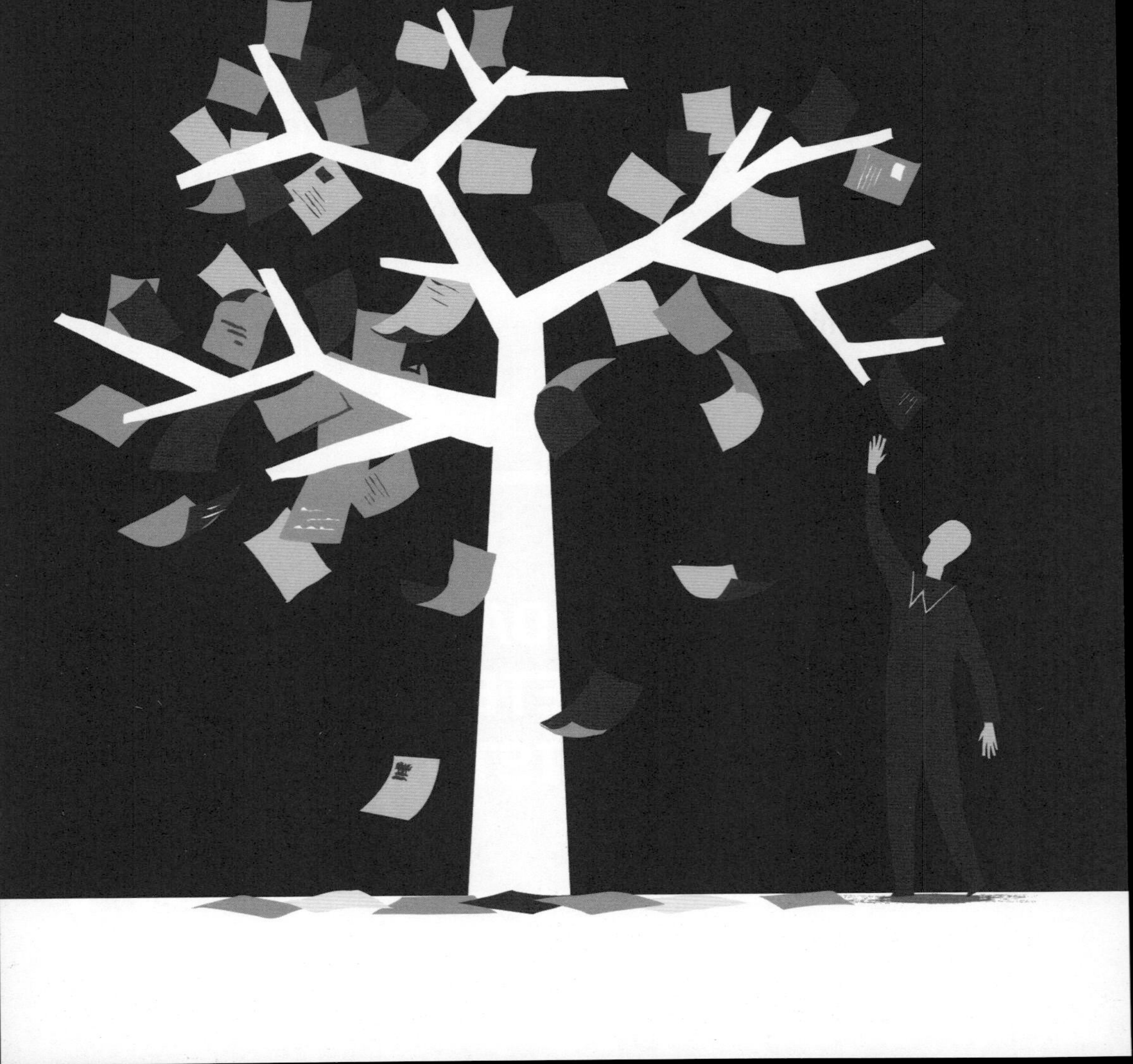

CAPÍTULO 21

PROCESSO DE FIDELIDADE

> *"Assim, pois, importa que os homens nos considerem como ministros de Cristo e despenseiros dos mistérios de Deus. Ora, além disso, o que se requer dos despenseiros é que cada um deles seja encontrado fiel."*
> *(1 Coríntios 4.1-2 - ARA)*

Vivemos em um período em que muitas pessoas desejam "ser" e se "sentir" importantes, importantes para outras pessoas, principalmente populares nas redes sociais. E, por que não dizer, querem sentir-se importantes até para Deus. Acabamos projetando no relacionamento com o Pai celestial o mesmo sentimento de importância e validação que buscamos nos relacionamentos humanos.

Contudo, nosso Pai celestial, mais do que simplesmente se importar conosco, nos ama! E o Seu amor incondicional vai muito além de qualquer sensação de importância: é um amor que sustenta, que preenche e transforma. Por isso, afirmo com convicção: Deus não tem filhos ou filhas prediletos, mimados ou mais importantes que outros. O que Deus tem são filhos e filhas amados.

Ora, o sentimento de nos sentirmos importantes para algo ou para alguém é, de fato, bonito e até prazeroso. Afinal de contas, ouvir que "fulano" ou "sicrano" se importa conosco aquece o coração. Contudo, mais do que ouvir: "eu me importo com você", o que realmente buscamos é sentir-nos importantes em algo que fazemos ou para alguém que valorizamos. Afinal, importar-se é, em essência, transportar algo ou alguém para dentro de si — é tornar-se parte.

No entanto, quando o assunto é a busca por popularidade, sucesso e importância, o pastor e líder Craig Groeschel nos oferece uma reflexão profunda: "Deus não te chamou para ser importante. Ele te chamou para ser fiel." De fato, não há nenhum versículo na Bíblia que diga que Deus espera que sejamos importantes. O que encontramos nas Escrituras são palavras como as de Apocalipse 2.10: "Sê fiel até à morte, e dar-te-ei a coroa da vida".

Não existe nenhum problema em ser importante. Nosso mundo precisa, sim, de cristãos com influência e relevância ocupando lugares de destaque. O problema está em tornar isso a sua busca pessoal, seu ideal ou obsessão — aquele pensamento: "EU TENHO QUE SER IMPORTANTE!". A verdade é que Deus sempre escolheu homens e mulheres fiéis a Ele para torná-los importantes no percurso da história, como podemos ver em diversos exemplos bíblicos:

- *Abraão – "Sai da tua terra... farei de ti uma grande nação, te abençoarei, tornarei famoso o teu nome, e serás uma bênção; tão importante que todas as famílias da terra serão abençoadas por meio de ti" (Gênesis 12.1-3). Todos nós somos filhos de Abraão pela fé e fidelidade (Gálatas 3.7);*

- *José do Egito – Teve dois sonhos: no primeiro, Deus o mostrava como alguém que teria destaque sobre seus irmãos (Gênesis 37.7); no segundo, revelava que José seria colocado em uma posição de tamanha importância que abençoaria não apenas sua família, mas também as nações vizinhas (Gênesis 37.9; 41.57). Durante um tempo de fome e escassez, tornou-se governador do Egito, uma espécie de grão-vizir (Gênesis 41.42-44);*

- *Maria, mãe de Jesus – Sua importância foi carregar em seu ventre e dar à luz o nosso Senhor e Salvador, Jesus Cristo. Foi tamanha sua relevância e singeleza que, erroneamente, acabou sendo idolatrada pela religiosidade do catolicismo romano.*

Exemplos como esses, entre tantos outros presentes na Bíblia, servem para nos mostrar que o que nos torna verdadeiramente importantes não é o quanto desejamos ser importantes, mas o quanto desejamos ser fiéis a Deus e ao que Ele nos pede por meio da Sua Palavra e do Seu propósito eterno. Deus é especialista em fazer um coração fiel prosperar e viver em abundância.

Lemos um trecho da primeira carta de Paulo à Igreja de Corinto, capítulo 4, onde ele enfrentava dificuldades quanto à legitimidade de seu chamado e ministério. Paulo estava sendo comparado e até diminuído em relação a outros líderes da igreja (como Apolo e Cefas), homens de grande importância para a comunidade cristã da época. A igreja, dividida, buscava importância por meio da associação a esses líderes, gerando contendas e divisões.

Diante disso, Paulo exorta os coríntios a se importarem verdadeiramente com Cristo, e a não colocarem sua glória ou importância em homens (v.21). Mais do que isso, ele os conclama a fazerem de Cristo o centro e o mais importante em suas vidas, ao afirmar: "Tudo é vosso, vós sois de Cristo, e Cristo é de Deus!" (v.23).

Em outras palavras: tudo é importante em Cristo, porque tudo pertence a Ele; e Cristo é importante porque pertence a Deus e foi fiel até a morte — e morte de cruz (Filipenses 2.8). Por isso, Paulo prossegue dizendo que as pessoas não devem nos considerar importantes, mas sim como servos e servas de Cristo e administradores dos mistérios de Deus. E o que se espera de um administrador é que seja encontrado fiel.

Talvez você me pergunte: o que é necessário, nos dias de hoje, para que, assim como Jesus Cristo, eu seja considerado um(a) servo(a) fiel?

Ser fiel também é um processo, no qual Deus nos molda à imagem de Cristo. E para sermos fiéis a Cristo, precisamos ser fiéis ao processo que Ele realiza em nossas vidas. Nesse processo, três elementos são absolutamente indispensáveis: gratidão, generosidade e lealdade.

É NECESSÁRIO GRATIDÃO

"Em tudo, dai graças, porque esta é a vontade de Deus em Cristo Jesus para convosco."
(1 Tessalonicenses 5.18)

A pessoa grata é feliz por tudo aquilo que é e por tudo o que possui. Já o ingrato é infeliz pelo que não tem e por não ser a pessoa que gostaria de ter se tornado.

Uma das atitudes mais recorrentes de Jesus durante sua vida terrena era dar graças, ou seja, ser profundamente agradecido. Ele deu graças antes de realizar o milagre da multiplicação dos pães e peixes (Marcos 8.6-7), agradeceu antes de ressuscitar Lázaro (João 11.41-42) e também ao repartir o pão na Santa Ceia (1 Coríntios 11.24).

Na Ceia do Senhor, não ficou eternizado apenas o ato de comer e beber em memória de Cristo, mas também o gesto de dar graças. Muitos ignoram que esse simples ato de gratidão foi preservado como parte essencial do momento.

Por esse motivo, Paulo escreve aos tessalonicenses: "Em tudo dai graças, porque esta é a vontade de Deus em Cristo Jesus para convosco". Ainda que não seja da nossa vontade natural agradecer por tudo ou em todo tempo, essa é a vontade de Deus para nós.

Aquele(a) que é fiel deve ser grato(a) em todo tempo, pois essa é uma forma de realizar a vontade do Pai.

É NECESSÁRIO GENEROSIDADE

> *"Tenho-vos mostrado em tudo que, trabalhando assim, é mister socorrer os necessitados e recordar as palavras do próprio Senhor Jesus: Mais bem-aventurado é dar que receber." (Atos 20.35)*

Vivemos em um mundo marcado pelo asceticismo religioso — onde muitas pessoas tentam barganhar com Deus para obter méritos diante dos homens — e também por um materialismo cada vez mais acentuado. Nesse contexto, a generosidade precisa ser compreendida como amor em movimento, amor traduzido em atitudes de doação.

A generosidade é um tema fascinante e está presente em toda a Escritura. Deus é o Pai de toda generosidade, e o maior exemplo disso é o fato de que Ele deu. Ele nos deu a terra, a vida, a salvação e tudo o que necessitamos. E deu sabendo que não merecíamos e que jamais poderíamos retribuir.

Por isso, a generosidade é infinitamente superior ao dízimo, pois quando Deus se deu, Ele deu tudo de si, e não uma porcentagem. Generosidade não é uma questão de cálculo ou obrigação, mas de entrega voluntária e amorosa, inspirada na própria natureza do Pai Celestial.

Ao lermos as Escrituras, percebemos que o próprio Jesus nos foi dado e, ao mesmo tempo, Ele mesmo se entregou por cada um de nós: "Ninguém tira a minha vida; pelo contrário, eu espontaneamente a dou" (João 10.18). Ser cristão é ser um doador generoso.

Somos chamados a dar nossa vida pelos irmãos, conforme nos ensina o apóstolo João: "Nisto conhecemos o amor: que Cristo deu a sua vida por nós; e devemos dar nossa vida pelos irmãos" (1 João 3.16). Quem é capaz de doar a si mesmo, certamente será também capaz de compartilhar o que possui com o próximo necessitado.

A generosidade faz bem à alma de quem a pratica. A Bíblia afirma que quem é generoso é mais feliz: "A alma generosa prosperará; quem dá alívio aos outros, alívio receberá" (Provérbios 11.25). Quanto mais formos fiéis em doar com generosidade, mais Deus nos dará, também generosamente, para que possamos continuar sendo canais de bênçãos.

Jesus nos ensina com Sua fidelidade a prática da generosidade: "Mais bem-aventurado é dar do que receber" (Atos 20.35). Por isso, o fiel deve ser rico em generosidade (2 Coríntios 8.2; 1 Timóteo 6.18). Nossa generosidade sempre falará por nós, mesmo onde não pudermos estar presentes fisicamente. Em suma, a generosidade é muito mais do que uma ação pontual; é uma reação natural de quem compreendeu profundamente a fidelidade e a graça de Deus.

É NECESSÁRIO LEALDADE

> *"Pague, porém, o Senhor a cada um segundo a sua justiça e a sua lealdade; pois o Senhor te havia entregue, hoje, em minhas mãos, mas eu não quis estendê-las contra o ungido do Senhor." (1 Samuel 26.23)*

Os únicos seres vivos em que podemos encontrar o DNA da lealdade são: os cães, as ovelhas e as pessoas. Estamos vivendo, em nossos dias, uma geração confusa, que troca o certo pelo duvidoso, não sabe conceituar e muito menos viver com base na honra, e as colunas que sustentam a honra são justamente a fidelidade e a lealdade.

Se esta geração não consegue honrar pai e mãe, como conseguirá honrar a Deus com fidelidade e lealdade? "O filho honra o pai, e o servo, ao seu senhor. Se eu sou pai, onde está a minha honra? E, se eu sou Senhor, onde está o respeito para comigo?" (Malaquias 1.6). Mateus 15.8 também cita Isaías 29.13, apontando para essa incoerência.

Esta geração está cheia de expectativas e desejos de conquista, mas nenhum sucesso é pautado na desonra, e nenhum êxito se sustenta com deslealdade. Fidelidade e lealdade caminham juntas. Eu diria que:

- *A fidelidade é o produto;*
- *A honra é o conteúdo; e*
- *A lealdade é a embalagem.*

A lealdade é muito mais profunda do que parece; não é apenas sinônimo de fidelidade. Pelo contrário:

- *Fidelidade é jurada ao outro; lealdade é oferecida espontaneamente;*
- *Fidelidade é uma obrigação; lealdade é uma escolha;*
- *Fidelidade é uma função social; lealdade é princípio e caráter;*
- *Fidelidade é cobrada; lealdade é entrega;*
- *Fidelidade pode ser paixão; lealdade é demonstração de amor.*

A fidelidade sempre espera reciprocidade, enquanto a lealdade não cobra nada de ninguém. No processo da fidelidade, a lealdade é uma resposta e uma entrega. Só será, de fato, leal aquele que um dia foi fiel.

Paulo, ao escrever a Tito (2.7-10), orienta que devemos nos apresentar como exemplos em tudo, e no versículo 10 ele escreve que devemos demonstrar a boa lealdade (conforme a versão Almeida Corrigida Fiel — ACF). Se você quer saber se está sendo fiel, avalie-se: tem sido leal?

Uma pessoa leal age com lealdade independentemente das circunstâncias, simplesmente porque tem uma natureza transformada e regenerada pela fidelidade de Jesus, quando nasceu de novo.

Jesus e Paulo foram acusados e caluniados, mas em tudo se mantiveram fiéis e leais a Deus e ao Seu propósito. Devemos lutar para, nesta vida, ouvirmos do Senhor: "Servo bom e fiel, foste leal no pouco..." (Mateus 25.21).

A lealdade é um princípio que não exige palavras, mas vida. Lealdade não se fala, é uma proposta divina para ser vivida.

Assim como a fidelidade tem seus processos e exige intencionalidade, a infidelidade e a deslealdade também seguem um processo, não ocorrem da noite para o dia. Muitas pessoas nem percebem que estão sendo infiéis ou desleais, assim como muitos líderes não se dão conta de que isso está acontecendo com seus liderados.

Nossa verdadeira importância não está no que os outros pensam, nem em nós mesmos, e muito menos no que fazemos. Está na nossa fidelidade a Deus, por meio de Jesus Cristo.

Antigamente, ouvia-se muito a frase: "Deus é fiel!". E, de fato, Deus é fiel: primeiro a Si mesmo, depois à Sua Palavra, e, por fim, a cada um de nós — mesmo que permaneçamos infiéis e desleais (2 Timóteo 2.13).

Mas atenção: não use isso como desculpa. Deus perdoa pecados, mas não desculpas, mesmo que usemos a Bíblia para tentar justificá-las. Pergunte a si mesmo: "Como posso permanecer infiel a um Deus que tem sido fiel em todo o tempo?".

Lembre-se da frase de Craig Groeschel: "Deus não te chamou para ser importante, Ele te chamou para ser fiel".

E não fiel de vez em quando, ou apenas quando sentir vontade; não fiel em algumas coisas, mas não em outras. Deus nos chama a sermos fiéis em tudo — e até a morte.

ANOTAÇÕES DO MEU PROCESSO

REFLEXÃO PESSOAL

1. Tenho sido leal nos pequenos egrandes compromissos?

2. Minha fidelidade é visível em todas as áreas da vida?

3. Como posso crescer em fidelidade no meu relacionamento com Deus?

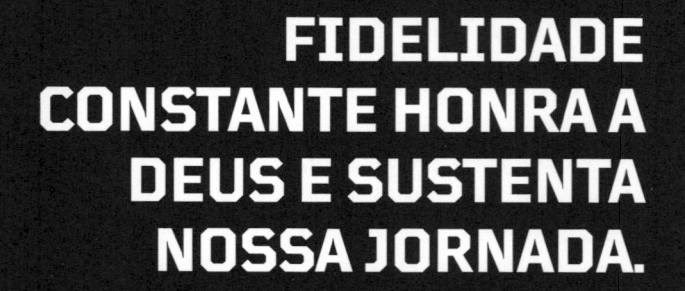

> **FIDELIDADE CONSTANTE HONRA A DEUS E SUSTENTA NOSSA JORNADA.**

CONCLUSÃO

"Uma vida boa é um processo, não um estado de ser. É uma direção, não um destino". (Carl Rogers, psicólogo norte-americano)

Mudar, muitas vezes, requer duas coisas: método e processo, seja de curto, médio ou longo prazo. O que precisamos aprender, conforme ensina a psicopedagogia, é desenvolver nossas funções executivas, ou seja, trabalhar a forma como devemos agir.

Os processos de Deus não são uma mensagem nova; são um assunto antigo, porém, ainda que relevante e real, pouco se fala ou se aprofunda sobre seu poder e eficácia. Lembre-se sempre de uma coisa quando o assunto for processos: Deus nunca erra! Não procure sempre entender em que processo você está passando, mas sim ore para compreender o propósito desse processo, pois não é Deus quem abençoa nossas decisões, mas somos nós os abençoados pelas decisões dEle.

Se pararmos um pouco para refletir, perceberemos que o trigo moído é transformado em farinha para alimentar a muitos; a uva pisada se transforma em suco ou vinho para saciar a muitos; a azeitona prensada é convertida em azeite, com inúmeros benefícios. Isso nos revela que o processo, por mais doloroso que seja, não vem para nos destruir, mas para nos transformar e refinar.

Um campeão um dia já foi um novato; um empreendedor, um dia, já foi empregado; um professor já foi aluno; um chefe já foi auxiliar; um negócio já foi apenas uma ideia; um sábio um dia já foi ignorante. Somos o resultado dos nossos processos — eles têm o poder de nos fazer evoluir e avançar.

Como comentado no início deste livro, Deus nem sempre usará milagres instantâneos; às vezes Ele usará processos como milagres. Mas a certeza é que mesmo não acontecendo milagres os processos acontecerão! E talvez você ainda esteja se perguntando: "Por quê?".

Então, antes de finalizarmos este livro, quero explicar algumas verdades:

- *O milagre alarga sua fé; o processo, alarga seu caráter;*
- *O milagre é visível; o processo, quase ninguém vê;*
- *O milagre te faz crescer para cima (espiritualidade); o processo te faz crescer para baixo (realidade);*
- *No milagre, é Deus quem faz; no processo, é você quem responde.*

Muitas vezes, queremos o milagre a qualquer custo para resolver a nossa vida, mas o milagre só resolve o que está fora. Já Deus está no processo, porque é através dele, que Ele organiza o que está dentro da sua vida.

EPÍLOGO

"Tudo tem o seu tempo determinado, e há tempo para todo propósito debaixo do céu."
(Eclesiastes 3.1)

Chegamos ao fim desta caminhada escrita, mas não ao fim da jornada. Este livro não termina aqui. Ele é um convite a continuar vivendo com profundidade, intencionalidade e propósito.

Vivemos em uma geração imediatista, sedenta por respostas rápidas, milagres instantâneos e soluções prontas. No entanto, Deus, em Sua sabedoria eterna, escolheu muitas vezes os processos como ferramentas de transformação. O que você enfrentou, enfrenta ou enfrentará, não é acaso, castigo ou desprezo. É cuidado, é formação, é o amor de um Pai que vê além do agora.

Você não é o que sente, nem o que os outros dizem, você é aquilo que Deus declarou sobre você. E a Palavra dEle afirma: você é amado, justificado, aperfeiçoado, cheio do Espírito, participante da graça, filho maduro e ministro de uma nova aliança.

Talvez você tenha começado este livro com perguntas, medos, feridas ou incertezas. Espero que, ao final destas páginas, tenha encontrado clareza, cura, direção e, acima de tudo, esperança. Que você reconheça que cada processo da sua vida tem um propósito eterno.

Que seus passos sejam firmes na fé, sua mente seja renovada pela verdade, e seu coração permaneça constante, mesmo quando tudo parecer incerto. Pois quem começou a boa obra em você há de completá-la. Não por mérito, mas por graça; não pela força, mas pela fidelidade de Deus.

**CONTINUE O PROCESSO.
NÃO PARE AGORA!
OS PROCESSOS JÁ ESTÃO
ACONTECENDO, DESFRUTE-OS!**